本书得到阐释党的十九届五中全会精神国家社会科学基金重大项目(21ZDA028)、绍兴文理学院著作出版基金资助

新时代浙商精神

与公司创业对企业成长的影响研究

吴磊 等著

中国财经出版传媒集团

经济科学出版社
Economic Science Press

·北京·

图书在版编目（CIP）数据

新时代浙商精神与公司创业对企业成长的影响研究/吴磊等著．--北京：经济科学出版社，2023.12
ISBN 978-7-5218-4660-7

Ⅰ.①新… Ⅱ.①吴… Ⅲ.①商业文化-影响-企业成长-研究-浙江②创业-影响-企业成长-研究-浙江 Ⅳ.①F279.275.5

中国国家版本馆CIP数据核字（2023）第059006号

责任编辑：杨　洋　赵　岩
责任校对：王肖楠
责任印制：范　艳

新时代浙商精神与公司创业对企业成长的影响研究
吴　磊　等著
经济科学出版社出版、发行　新华书店经销
社址：北京市海淀区阜成路甲28号　邮编：100142
总编部电话：010-88191217　发行部电话：010-88191522
网址：www.esp.com.cn
电子邮箱：esp@esp.com.cn
天猫网店：经济科学出版社旗舰店
网址：http://jjkxcbs.tmall.com
北京季蜂印刷有限公司印装
710×1000　16开　13.75印张　200000字
2023年12月第1版　2023年12月第1次印刷
ISBN 978-7-5218-4660-7　定价：54.00元
（图书出现印装问题，本社负责调换。电话：010-88191545）
（版权所有　侵权必究　打击盗版　举报热线：010-88191661）
QQ：2242791300　营销中心电话：010-88191537
电子邮箱：dbts@esp.com.cn

他　　序

　　浙商敢为人先、勇立潮头。改革开放初期的浙江是典型的"资源小省"，"创一代"浙商将"四千精神"深深融入血液，在"零资源"的土地上"无中生有"，在"七山一水二分田"的狭小土地里"点石成金"。新时代，浙商改革开放再出发，浙江要当好新时代全面展示中国特色社会主义制度优越性重要窗口的模范生，深化研究践行新时代浙商企业家精神推动公司创业促进企业持续创新发展是关键。浙江企业家和企业家精神是浙江发展的宝贵财富，浙江正处于经济结构调整、转型发展推进"八八战略"和"三个一号工程"的关键期，许多传统支柱产业中曾经为我国经济发展作出巨大贡献的企业逐渐走向衰落。与此同时，在"大众创业，万众创新"和"共同富裕"的国家战略以及政府的政策引导下，浙江又将掀起了一股新时代创业和创新的热潮，许多新型创业企业如雨后春笋般不断涌现。大量的浙商创业研究表明，创新热情和创业激情离不开浙商精神的驱动，新的时代呼唤新的企业家精神，浙商企业家精神在新的时代背景下再次成为了实业界和学术界共同关注的热点问题，许多学者亦对此作出了深入研究。

作者以"浙商精神—公司创业—企业成长"的逻辑思路，综合运用企业家理论、资源基础理论、权变理论、创新理论，利用理论分析和统计分析等研究方法试图深入探究以浙商为代表的企业家精神和公司创业对企业成长的影响机制。提出并论证了"公司创业"在企业家精神与企业成长之间的中介作用。通过将企业家精神、公司创业和企业成长纳入一个统一的研究框架，深入分析了三者之间的内在逻辑，由此揭示了企业家精神促进企业成长的内在机制。洞察了外部环境因素对企业家精神推动企业成长的影响。现有研究仅限于考察环境动态性对公司创业与企业成长之间关系的调节作用，本书通过全面分析环境动态性对企业家精神与公司创业、企业家精神与企业成长、公司创业与企业成长三组关系的调节作用，构建了被调节的中介模型，弥补了现有研究中的不足，深入研究了企业家精神影响企业成长的机制。

作者系企业家精神与企业成长领域年轻学者，近年来在公司治理与企业成长方面取得了一定的研究成果，在本书即将交付之际，为其代序，由衷欣慰，期待在百年未有管理大变革的新时代浙商精神与公司创业对企业成长问题能够引起更多业内学者的关注，产生更多优秀的研究成果。

陈池波
2023 年 10 月 16 日

前　言

　　改革开放再出发,浙江要当好新时代全面展示中国特色社会主义制度优越性重要窗口的模范生,深化研究践行新时代浙商企业家精神推动公司创业促进企业持续创新发展是关键。浙江企业家和企业家精神是浙江发展的宝贵财富,浙江正处于经济结构调整、转型发展的关键期,许多传统支柱产业中曾经为我国经济发展作出巨大贡献的企业逐渐走向衰落。与此同时,在"大众创业,万众创新"和"共同富裕"的国家战略以及政府的政策引导下,浙江又将掀起一股新时代创业和创新的热潮,许多新型创业企业如雨后春笋般不断涌现。大量的浙商创业研究表明,创新热情和创业激情离不开浙商精神的驱动,新的时代呼唤新的企业家精神,浙商企业家精神(以下简称"浙商精神")在新的时代背景下再次成为实业界和学术界共同关注的热点问题,许多学者亦对此作出了深入研究。

　　在现有研究中,学者们充分肯定了浙商精神对浙江民营企业成长的积极影响。作为企业家群体特有的优秀意志品质,浙商精神对促进企业健康成长和持续发展具有怎样的意义,有何种机理？这一"黑箱"仍有待解析。为了回答这些问题，本书依据"浙商精神—公司创业—企业成长"的逻辑思路，综合运用企业家理论、资源基础理论、权变理论、创新理论，利用理论分析和统计分析等研究方法试图深入探究以浙商为代表的企业家精神和公司创业对企业成长的影响机制。

首先，本书从总体上分析了企业家精神对企业持续成长的积极影响。在分析企业家精神对企业成长的影响之前，本书对企业家精神的影响因素和构成要素进行了深入分析，将企业家精神的构成要素分为内在要素和外在要素；对在新的竞争环境下，企业成长所需的资源基础和必要能力进行了探讨，分析了企业家精神对企业成长的驱动作用和牵引作用。从机会视角论述了企业家精神对机会识别的驱动作用，以及对机会评估、机会利用的影响；从资源视角论述了企业家精神在资源识别、资源获取、资源配置过程中的影响。

其次，为了探究企业家精神对企业成长的影响机制，本书引入了公司创业这一概念，分析了企业家精神与公司创业以及公司创业与企业成长之间的内在逻辑联系，从理论上论述了公司创业在企业家精神与企业成长之间的中介作用。基于权变理论，本书还考察了环境动态性对企业成长的影响，分析了在动态环境中企业家精神和公司创业对企业成长影响的变化。

再次，在理论研究的基础上，根据浙商精神、公司创业、企业成长以及环境动态性之间的相互关系，以公司创业为中介变量，环境动态性为调节变量，构建了一个被调节的中介模型。本书将企业家精神划分为创新精神、风险承担精神和分享合作精神三个维度，将公司创业划分为新业务拓展、技术创新和战略更新三个维度，并结合现有研究，提出了相应的理论假设。

最后，本书以中国民营企业为样本，采用问卷调查的方法获取了一手数据，利用结构方程模型、层次回归分析法对数据进行了探索性因子分析、验证性因子分析以及相关分析等统计检验，对企业家精神影响企业成长的相关假设和公司创业的中介作用假设以及环境动态性的调节作用假设进行了检验。

基于上述研究，本书得到了以下结论：

第一，企业成长是一个动态过程。企业成长的基础与能力都随着时代的变迁和社会的发展而发生着深刻的变化，但无论这些基础和能力怎样变化，企业家精神都是驱动和引导企业资源构成企业竞争力的关键因素。企业成长的动态过程表现为对机会的识别、评估和利用，以此循环往复。同时，为了使这一动态过程能够有效进行，企业还必须不断地进行与此相匹配的资源整合活动。企业家精神是企业动态成长的驱动因素，因为它通过直接和间接的、正式和非正式的形式影响着企业成长的方方面面。

第二，企业成长的过程表现为连续的公司创业过程。企业成长具有渐进式、突变式等多种表现形式，无论哪种形式的成长都需要通过不断地创业实践才能得以实现。公司创业不是一种单一的活动，它是由企业各个层面所开展的涉及企业内部和企业外部的一系列战略活动所构成。本书认为公司创业至少包括新业务的拓展、技术创新和战略更新三个方面。企业家精神是企业开展公司创业的重要驱动因素，而企业通过不断地创业实践活动，积累和更新了企业的知识、资源和能力，为企业成长提供了基础条件。企业家精神作为一种意识层面的因素，需要通过开展公司创业活动，才能转换为企业的竞争优势，为企业创造价值，促进企业成长。因此，公司创业在企业家精神影响企业成长的过程中存在着中介作用。

第三，企业成长受到外部环境的影响。企业总是置身于一定的外部环境之中，因此无论是企业家精神对企业成长的促进作用，还是企业为实现持续成长所进行的公司创业活动都会不同程度地受到产业结构、市场需要、环境冲突、环境宽裕度等不确定性因素的影响。因此，环境动态性对企业家精神与企业成长、企业家精神与公司创业以及公司创业与企业成长之间的关系存在调节作用。

第四，企业家精神的各个维度均对企业成长具有正向影响。具体来说，企业家创新精神不仅对企业成长具有直接的正向影响，还通过新业务拓展、技术创新和战略更新对企业成长产生间接的正向影响，即公司创业的各个维度在企业家创新精神促进企业成长的过程中存在部分中介作用；企业家风险承担精神对企业成长不具有直接的影响，企业家风险承担精神对企业成长的正向影响完全通过新业务拓展、技术创新和战略更新的中介作用得以实现，因此公司创业的各个维度在企业家风险承担精神影响企业成长的过程中存在完全中介作用。企业家分享合作精神对企业成长不仅具有直接的正向影响，还通过公司创业中的技术创新维度，对企业成长产生间接的正向影响，因此技术创新在企业家分享合作精神促进企业成长的过程中存在部分中介作用。

第五，环境动态性对企业家精神和公司创业影响企业成长的过程存在正向调节作用。在检验了公司创业中新业务拓展、技术创新和战略更新三个维度的中介作用之后，本书验证了环境动态性对其中某些中介作用存在正向调节效应。具体来说，企业家创新精神对企业新业务拓展的正向影响受到环境动态性的正向调节；企业家创新精神对企业技术创新的正向影响受到环境动态性的正向调节；企业家创新精神对企业战略更新的正向影响受到环境动态性的正向调节；企业家创新精神对企业成长的正向影响受到环境动态性的正向调节；企业新业务拓展对企业成长的正向影响受到环境动态性的正向调节；企业技术创新对企业成长的正向影响受到环境动态性的正向调节；企业战略更新对企业成长的正向影响受到环境动态性的正向调节；企业家风险承担精神对企业新业务拓展的正向影响受到环境动态性的正向调节；企业家风险承担精神对企业技术创新的正向影响受到环境动态性的正向调节。这意味着：新业务拓展对企业家创新精神影响企业成长的部分中介作用以及新业务拓展对企业家风险承担精神影响企业成长的完全中介作用均受到环境动态性的正向调节；企业技术创新对企业家创新精神影响企业成长的部分中介作用以及企业技术创新对企业家风险承担精神影响企业成长的完全中介作用也都受到环境动态性的正向调节；企业战略更新对企业家创新精神影响企业成长的部分中介作用受到环境动态性的正向调节。

本书的理论贡献主要表现为：首先，提出并论证了"公司创业"在企业家精神与企业成长之间的中介作用。通过将企业家精神、公司创业和企业成长纳入一个统一的研究框架，深入分析三者之间的内在逻辑，由此揭示了企业家精神促进企业成长的内在机制。其次，洞察了外部环境因素对企业家精神推动企业成长的影响。现有研究仅限于考察环境动态性对公司创业与企业成长之间关系的调节作用，本书通过全面分析环境动态性对企业家精神与公司创业、企业家精神与企业成长、公司创业与企业成长三组关系的调节作用，构建了被调节的中介模型，弥补了现有研究中的不足，深入研究了企业家精神影响企业成长的机制。

目 录

导　论 …………………………………………………………… 1
 一、选题背景与选题意义 ………………………………… 1
 二、研究内容与结构安排 ………………………………… 6
 三、研究思路与研究方法 ………………………………… 9

第一章　文献综述 …………………………………………… 12
 第一节　企业家精神与企业成长 ………………………… 12
 第二节　公司创业与企业成长 …………………………… 28
 第三节　新时代浙商精神与浙商企业成长 ……………… 46
 第四节　研究评述 ………………………………………… 53

第二章　新时代浙商企业家精神影响企业成长的理论
    分析 ………………………………………………… 56
 第一节　新时代浙商企业家精神探析 …………………… 56

第二节　浙商企业家精神：企业成长的驱动力与
　　　　　　牵引力……………………………………… 60
　　第三节　机会视角下浙商企业家精神对企业成长的
　　　　　　影响………………………………………… 69
　　第四节　资源视角下浙商企业家精神对企业成长的
　　　　　　影响………………………………………… 80

第三章　企业成长：公司创业的中介作用和环境动态性的
　　　　调节作用………………………………………… 91
　　第一节　公司创业的中介作用分析………………… 91
　　第二节　环境动态性对企业成长的调节作用……… 102

第四章　理论模型和研究假设………………………… 110
　　第一节　理论模型的构建与维度划分……………… 110
　　第二节　研究假设…………………………………… 116

第五章　企业家精神影响企业成长的实证分析……… 125
　　第一节　研究设计…………………………………… 125
　　第二节　数据分析与假设检验……………………… 135
　　第三节　实证结果与讨论…………………………… 167

第六章　结论与展望…………………………………… 172
　　第一节　主要结论和创新点………………………… 172

第二节　基于企业家精神和公司创业的企业成长
　　　　对策 ·· 177
第三节　研究局限与展望 ································ 189

参考文献 ·· 192

导　　论

一、选题背景与选题意义

（一）选题背景

随着"大众创业、万众创新"[①] 国家战略推进 9 年后，在国家政策的扶持和引导下，社会上掀起了一股创业和创新的热潮。在英语中，创新和创业通常都用"entrepreneurship"一词来表述，除此之外它还有另一层含义，那就是"企业家精神"。在中国，人们也常常将企业家精神与创新和创业联系在一起。如今随着创新和创业热潮的兴起，企业家精神也再次成为了学术界共同关注的焦点。浙江作为新时代全面展示中国特色社会主义制度优越性重要窗口的模范生，深化研究践行新时代浙商企业家精神推动公司创业促进企业持续创新发展是关

[①] 李克强总理最早在 2014 年 9 月达沃斯夏季论坛上提出"大众创新，万众创业"。

键。浙江企业家和企业家精神是浙江发展的宝贵财富，浙江正处于经济结构调整、转型发展的关键期，许多传统支柱产业中曾经为我国经济发展作出巨大贡献的企业逐渐走向衰落。与此同时，在"大众创业，万众创新"和"共同富裕"的国家战略以及政府的政策引导下，在新冠疫情后数字经济背景下，浙江又将掀起一股新时代创业和创新的热潮，许多新型创业企业如雨后春笋般不断涌现。

　　管理大师彼得·德鲁克曾经在《创新与企业家精神》一书中，将20世纪70年代中期以来，美国社会经济发生的变化描述为"由'管理型'经济彻底转向了'企业家'经济"。彼时的美国，经历了"能源危机"以及濒临崩溃的"烟囱工业"，那些在"二战"后到20世纪70年代初期飞速发展的领域，以及国民经济体系中的部分支柱产业开始出现衰退，而中小型企业开始成为驱动美国经济增长的新动力。据《经济学人》的报道，美国在1982~1984年，每年新成立的公司多达60万家，为社会创造了4000万个甚至更多的就业机会[①]。反观此时的中国，随着改革开放的深入，我国的经济发展取得了举世瞩目的成就，但与此同时环境污染、生态破坏和资源短缺等问题日益凸显，成为影响经济可持续发展的重要因素。为了应对这些不利因素，保证我国经济长期、健康、稳定发展，政府开始大力推进经济转型，在政府政策导向和市场环境的

---

① 彼得·德鲁克. 创新与企业家精神 [M]. 北京：机械工业出版社，2007：3.

影响下，许多传统高增长行业增速放缓，大量在过去为国民经济作出巨大贡献的企业开始走向衰落。如有着"共和国钢铁长子"的武汉钢铁集团，在国家"去产能"[①] 政策的影响下，经济效益持续下滑，最终在 2016 年被宝钢集团兼并。另外，2015 年以来，我国每天新增企业数量接近 1 万家，仅在 2015 年上半年就新增就业 718 万人[②]。从这些现象来看，当今的中国经济社会似乎也逐渐进入德鲁克所描述的"企业家"经济。

企业家精神在推动创新和创业的同时，能否成为一味良药，新冠疫情后帮助那些在中国经济转型背景下陷入困境的企业渡过难关，再次焕发活力？这一问题值得实业界和学术界共同关注。穆勒（Miller）在研究创业领域的问题时指出，企业家精神驱动的创业行为"不仅仅指建立一个新企业或一个企业从无到有的过程"，成熟的大型企业也可以是创业活动的行为主体，由此他提出了"公司创业"（corporate entrepreneurship）这一概念[③]。公司创业是指企业进行的业务拓展、技术创新、战略更新等一系创业或创新实践。随着科技的飞速发展，特别是互联网技术的广泛应用，产业间的界限越来越模糊，企业在面临同行业竞争时，还面临着跨行业和跨领域的挑战。国内一

[①] 去产能，即化解产能过剩，是指为了解决产品供过于求而引起产品恶性竞争的不利局面，寻求对生产设备及产品进行转型和升级的方法。
[②] 日均新注册企业逾万家 中国初创企业数量全球领跑 [EB/OL]. 每经网，2015-12-15.
[③] Miller, D. The correlates of entrepreneurship in three types of firms [J]. Management Science, 1983, 29 (7): 77-91.

些企业已经开始通过公司创业的方式来提升自己的核心竞争能力。比如，由互联网领域起家的乐视集团，开始进军汽车产业；由空调产业起家的格力集团开始进入手机产业之中；阿里系进一步跨界延伸其他产业。

与传统意义的个人创业相比，企业在进行公司创业活动时具有天然的优势，如多样化的投融资渠道、丰厚的物质资源和具有丰富经验的管理团队等。但是成熟企业的创业活动也面临着更大的风险和更多的企业内部矛盾，格力集团在尝试进入汽车制造领域时，这一战略决策就受到了来自企业中小股东的阻力。企业在进行公司创业时需要解决长期发展和短期利益的矛盾，需要对企业文化、企业组织架构进行变革，有时还需要引导和改变员工的观念等。在新的经济形势下，企业家精神能否成为推动公司创业的助力？进而能否帮助企业在激烈的市场竞争中获得竞争优势，使那些走向衰落的企业重新焕发生机、持续成长？这些问题都有待进一步探讨。

学者们充分肯定了浙商精神对浙江民营企业成长的积极影响。作为企业家群体特有的优秀意志品质，浙商精神对促进企业健康成长和持续发展具有怎样的意义，有何种机理？这一"黑箱"仍有待解析。为了回答这些问题，本书依据"浙商精神—公司创业—企业成长"的逻辑思路，综合运用企业家理论、资源基础理论、权变理论、创新理论，利用理论分析和统计分析等研究方法试图深入探究以浙商为代表的企业家精神和公司创业对企业成长的影响机制。

（二）选题意义

1. 理论意义

企业家精神对企业成长的影响一直是学术界十分关注的问题，熊彼特和彼得·德鲁克等众多著名的学者从经济学和管理学等多个角度对此进行了深入的探讨。企业家精神具有一定的时代性，企业成长的基础和必备的能力时刻发生着变化，随着科技的发展和社会的进步，新时代新责任，以浙商精神为代表，我们有必要再次对企业家精神与企业成长之间的关系进行研究，分析其中新的内在逻辑和作用机制，更好地为我国企业积累企业家精神与企业持续成长提供理论支持和经验证据。

虽然现有研究大多认可了公司创业对企业成长的促进作用，但少有研究将公司创业和企业家精神放在一个统一的框架内，分析其对企业成长的影响。企业家精神作为一种精神层面的影响因素，需要通过某些实践活动来实现它对企业成长的影响。在以往的研究中少有学者关注这一转化过程，许多研究直接使用企业战略中所表现出的创新性和先动性等特征来代替企业家精神，忽略了企业家精神在企业内部的转换过程，缺少对企业家精神与企业战略活动之间逻辑关联的分析。

因此，本书的理论意义主要在于：一是通过将公司创业纳入企业家精神与企业成长的分析框架，围绕"意识—行为—结果"的研究逻辑，对三者之间的互动关系进行研究，完善了企业家精神影响企业成长的研究逻辑，在理论上丰富了关于企家精神对企业成长影响机制的研究。二是通过全面考察环境动态性对企业家精神与公司创业、企业家精神与企业成长、公司创业与企业成长三组关系的影响，完善了在动态环境中企业家精神影响企业成长的研究。

2. 现实意义

在现实中，人们常常将企业的衰落或发展停滞不前归咎为领导者缺乏企业家精神。企业家精神的缺失固然是阻碍企业发展的原因之一，但如何发挥企业家精神的作用，通过怎样的途径才能使企业家精神有效地促进企业成长？这一问题更值得我们关注。本书的现实意义在于，通过分析公司创业在企业家精神影响企业成长过程中的中介作用，探讨了企业家精神通过公司创业这一路径促进企业成长的可行性和有效性，为更好地发挥企业家精神对企业成长的促进作用提供了理论依据。

二、研究内容与结构安排

（一）研究内容

本书将在一个系统框架内，探讨由企业家精神驱动的企业成长机制，围绕"企业家精神—公司创业—企业成长"这一逻辑思路，深入分析企业家精神对企业成长的影响机制。为更好地发挥企业家精神对企业成长的积极作用提供理论依据和经验证据。

首先,通过对现有文献及相关理论的梳理,本书将对企业家精神、公司创业以及企业成长等相关概念进行理论上的界定。本书回顾了国内外关于"企业家精神与企业成长"以及"公司创业与企业成长"的相关研究,肯定了研究的理论贡献,并对其中存在的不足进行了评述。其次,本书从机会视角和资源视角深入分析企业家精神影响企业成长的内在逻辑和过程。再次,本书对公司创业的中介作用和环境动态性的调节作用进行了理论分析,在此基础上构建了一个以公司创业为中介变量,以环境动态性为调节变量的理论模型,并提出了相应的假设,通过实证分析对相关假设进行了验证。最后,对实证结果进行了分析,并根据研究结果提出可行性建议。

(二) 结构安排

本书的主要内容有以下几个部分:

导论。阐述了本书的研究背景、研究意义、研究内容与结构安排以及研究思路与方法。

第一章文献综述。对研究中所涉及的企业家精神、公司创业和企业成长三个主要概念的内涵及外延进行了梳理,并对现有研究关于企业家精神对企业成长的影响以及公司创业对企业成长的影响进行了回顾和评述。

第二章新时代浙商企业家精神影响企业成长的理论分析。首先从理论上论述了企业家精神对企业成长的驱动作用,然后从机会视角和资源视角,分别分析了企业家精神在企业机会识别、机会评估、机会利用和资源获取、资源转化以及资源整合过程中的作用和影响，论述了企业家精神对企业成长的促进作用。

第三章企业成长：公司创业的中介作用和环境动态性的调节作用。在第二章的研究基础上，对公司创业的概念进行了辨析并探讨了公司创业在企业家精神影响企业成长中的中介作用；分析了环境动态性对企业家精神、公司创业和企业成长三者之间相互关系的调节作用。

第四章理论模型和研究假设。根据第二章和第三章的理论分析，构建了一个以公司创业为中介变量，以环境动态性为调节变量的被调节的中介模型。并根据现有研究划分了各个变量的测量维度，提出了相应的假设。

第五章企业家精神影响企业成长的实证分析。在对现有文献中关于企业家精神、公司创业和企业成长相关变量的测量方式进行梳理的基础上，根据本书的研究需要编制了调查问卷。利用调查问卷数据，通过层次回归、结构方程模型等统计方法对本书的相关假设进行了验证。

第六章结论与展望。对本书的主要观点和结论进行了归纳总结，陈述了本书的创新点。基于本书的研究结果，提出了一些具有可行性的政策建议。指出了本书的研究不足，并提出了进一步研究的可能性和方向。

最后，通过新时代浙商精神与公司创业的企业成长的经典代表案例分析研究实践过程，更清楚地了解企业家精神与公司创业、企业家精神与企业成长、公司创业与企业成长三组关系的影响，完善在动态环境中企业家精神影响企业成长的研究。

三、研究思路与研究方法

（一）研究思路

本书首先对"企业家精神""公司创业""企业成长"这三个概念的内涵和外延进行界定，并对现有研究进行了总结。从机会视角和资源视角深入分析了企业家精神影响企业成长的过程，然后在一个统一的理论分析框架下，以公司创业为枢纽，对企业家精神、公司创业与企业成长三者之间的互动关系进行深入的研究和探讨。之后在总结和综合现有研究成果的基础上，构建实证研究模型，同时设计调查问卷，利用问卷调查数据，对企业家精神、公司创业和企业成长三者之间的关系进行实证检验。在实证检验中，我们利用结构方程模型和层次回归法等统计方法，分别检验公司创业在企业家精神促进企业成长中的中介效应以及环境动态性的调节作用。最后，本书以理论与实证分析的结论为基础，结合我国当前发展情况以及制度背景，从企业家精神和公司创业以及环境动态性三个方面提出了促进企业成长的具体的政策建议。具体技术路线如图0-1所示。

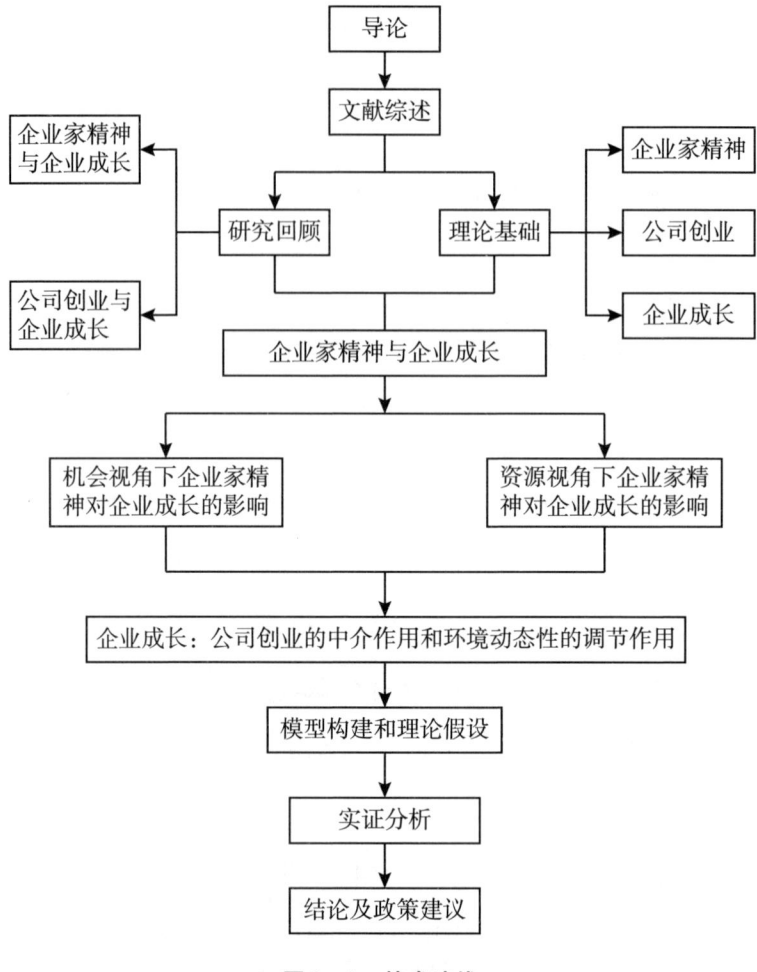

图 0-1 技术路线

(二) 主要研究方法

本书以管理学和统计学等基本理论、方法为依据，以文献分析为基础，在理论分析的基础上，通过实证分析，对企业家精神、公司创业与企业成长三者之间的互动关系进行了系统的研究。

（1）文献研究法。本书通过广泛查阅搜集国内外文献资料，对相关研究的成果进行总结和评述，通过分析现有研究中的不足，确立本书的总体思路。

（2）理论分析与经验研究相结合。以资源基础论、企业能力理论以及企业成长理论为基础，以机会视角和资源视角为切入点，将企业家精神、公司创业和企业成长问题放在一个统一的理论分析框架下进行研究探讨，分析三者之间的互动关系。并以理论分析为指导，构建了"企业家精神—公司创业—企业成长"的中介模型。

（3）本书综合运用 AMOS、SPSS 统计软件，使用层次分析、因子分析、结构方程模型等方法，对调查数据进行了实证检验。

第一章

文 献 综 述

第一节 企业家精神与企业成长

一、企业家理论与企业家精神

（一）企业家理论的发展

在研究"企业家精神"之前，我们需要对"企业家"这一概念进行探讨。"企业家"一词最早源于法语"entreprendre"，意思是中间人或者中介。在不同的语系中，对"企业家"一词有着不同的定义。早期学者们对于"企业家"这一概念的界定，至少归纳为以下12种[①]（见表1-1）。

[①] 这里的"早期"指的是管理产生的萌芽阶段，从18世纪到19世纪末。

表 1–1　　　　　　　　　　早期关于企业家的概念

序号	早期的企业家定义
1	企业家是承担风险的人
2	企业家是提供金融资本的人
3	企业家是一个创新者
4	企业家是一个决策者
5	企业家是一个企业领导者
6	企业家是一个经理或超级管理者（super-intendent）
7	企业家是经济资源的组织者和协调者
8	企业家是企业的所有者
9	企业家是拥有生产要素的人
10	企业家是承包商
11	企业家是套利者（arbitrageur）
12	企业家是配置资源的人

资料来源：Robert F. Hebert & Albert N. Link，1989.

从早期学者们对"企业家"概念的界定可以看出，这一时期关于"企业家"研究的争论主要集中在是以动态的视角还是以静态的视角来界定"企业家"这一概念。显然，相对于以静态视角而言，以动态视角界定的"企业家"概念更具有理论价值。在静态的视角中，不存在变化和不确定性，企业家是一个被动的元素，他的行为只是重复过去已经学习到的或是已经实施过的程序和技术。表 1–1 中的 2、6、8、9 是以静态视角来界定的"企业家"。而动态视角则把企业家看作一个充满活力、具备各种经营和管理能力、随着企业内外部环境变化不断调整和配置企业资源的人。

关于企业家的相关研究，第一个具有代表性的学者是法国经济学家夏尔·坎提隆（Richard Cantillon）。在18世纪早期，坎提隆认为市场中存在三种经济主体：土地所有者、雇员和企业家。其中，企业家是以获利为目的，参与市场交易并承担市场风险的人。坎提隆在表面上将土地所有者放在了经济体系的顶层，但是企业家才是整个经济体系的真正核心。企业家需要应对市场中存在的不确定性因素，并作出商业决策。坎提隆认为企业家精神的根源是人们缺乏对未来有效的预知。他认为个人无法预知未来，并且不能确定未来发生的事情会对经济系统造成什么样的影响。他认为这种"无法对未来进行有效预测"的缺陷并不是市场经济系统的不足，而是由人类个体的缺陷所造成的。不确定性普遍存在于日常生活之中，企业家精神就是"企业家在日常决策中不断应对这些不确定性时所表现出来的一系列精神特质"[①]。坎提隆关于企业家和企业家精神的论述对于早期人们认识和理解企业家以及企业家精神有着重大意义，但是受限于当时的社会经济环境以及其他的一些历史客观条件，坎提隆关于企业家和企业家精神的论述存在很多局限性和缺陷。在随后将近3个世纪的时间里，不同领域的学者从不同视角完善和拓展了这一概念。

法国经济学家 J. B. 萨伊是企业家理论开创者之一，为了区分企业的所有权和经营权，他创造了一个新的词汇"entre-

---

① 罗争玉. 企业的文化管理 [M]. 广州：广东经济出版社，2004.

preneur"用来表示"企业家"。他对"企业家"的定义是"把经济资源从生产率较低、产量较小的领域，转到生产率较高、产量更大的领域的人"。他认为企业家可以仅仅只是企业的"经营者"，不一定是企业的"所有者"，企业家的职责在于提高生产力和产出水平，企业家是"将资源从生产力较为低下的领域转换到生产力和产出水平较高的领域的人"①。

新奥地利学派认为企业家是"社会过程"的主角②。米塞斯（Ludwig von Mises）认为，企业家能够识别生产要素的配置没有准确反映消费者需求的情况，并采取行动导致要素价格变化并使消费品价格随之调整。柯兹纳（Kirzner）继承了米塞斯关于企业家是市场过程纠错者的观点，但他更为强调企业家发现利润机会的能力和利用这些机会对经济带来的作用③。他认为企业家具有"警觉"（alertness）成分，企业家精神的发挥是与这种"警觉"联系在一起的。柯兹纳认为，离开这种"警觉"，市场上存在的利润机会将无法被利用，经济的增长也无从实现。

新古典学派从自身的理论范式出发，把"企业家"视为约束条件下做最大化决策的"经济人"④。英国经济学家马歇尔在《经济学原理》中指出："企业家们属于敢于冒险和承担风

---

① 刘华义，周晨，盛鹏. 企业家和企业家精神刍议 [J]. 经济师，2004 (11)：27-29.
② 卢福财. 核心竞争力与企业创新 [M]. 北京：经济管理出版社，2004.
③ 刘志铭，李晓迎. 企业家精神与经济增长——奥地利学派的视角 [J]. 华南师范大学学报，2008 (12)：12-19.
④ Robert F. Hebert, Albert N. Link. In Search of the Meaning of Entrepreneursihp [J]. Small Business Economics，1988，1：39-49.

险的有高度技能的职业阶层"[1]。

熊彼特（Josph A. Schumpeter）在经济发展的背景下对"企业家"和"企业家精神"进行了论述。他第一个将企业家视为企业的主体，这是对企业家定义的飞跃。他指出，"经济发展问题的本质不是资本主义如何管理现有的经济结构，而是如何创造和破坏经济结构"[2]。这种创造和破坏经济结构的过程便是熊彼特提出的"创造性破坏"，他认为这是经济发展的根源所在。而这种"创造性破坏"需要由企业家来完成。熊彼特在他的著作《经济发展理论》中首次指出了企业家的创新性，他认为"企业家是创新的主体，他们从内部不断破坏旧的经济结构并创造新的经济结构，从内部实现经济结构的革新"[3]。熊彼特对"企业家"这一概念界定的独到之处在于，他将"企业家"视作一种状态，这种状态很不稳定，不是所有企业的经营者或所有者都能称为企业家。创新是判断企业家的唯一标准，只有当其在"实现新的组合"时，才能称为企业家，一旦这种创新状态消失，则只能称为企业的经营者。熊彼特对于"企业家"的界定被后来的研究者广泛接纳，并将其推广和运用到其他的领域。

在管理学领域中，被广泛接纳的关于"企业家"的定义是管理大师彼得·德鲁克在《创新与企业家精神》一书中对于企

---

[1] 纪建悦，韩广智. 执行力组织 [M]. 北京：企业管理出版社，2003.
[2] 约瑟夫·熊彼特. 资本主义、社会主义和民主 [M]. 北京：电子工业出版社，2013.
[3] 约瑟夫·熊彼特. 经济发展理论 [M]. 北京：华夏出版社，2015.

业家的论述，他将"企业家"界定为"赋予资源以生产财富能力的人"①。

（二）企业家精神的内涵

米塞斯认为，企业家精神可以理解为，个人创造和发现环境中出现的利润机会，并且采用相应行动利用机会的能力。此外，米塞斯强烈批评了把企业家精神视为承担风险的能力和一种管理的生产要素的错误思想。舒尔茨（Theodore W. Schultz）从人力资源的研究视角出发，建立了企业家精神的相关理论。他认为以往关于企业家精神的概念和研究存在至少四个方面的问题：（1）在对企业家精神进行研究时，研究对象往往只局限于商人；（2）以往的研究并没有考虑到企业家自身能力的差异；（3）以往研究并没有将企业家精神视作一种稀有的资源；（4）在分析各类均衡问题时往往忽略企业家精神这一要素②。舒尔茨将企业家精神定义为"一种实现均衡的能力"，并且他将这一概念扩展到非市场行为之中，如家庭决策、时间分配等。他还通过实证研究的方式，证明了个体对于各种非均衡状态的感知和反应能力受到教育的影响。舒尔茨的研究方法完全建立在新古典经济学的理论基础之上，他试图区分企业、家庭和个体所面临的不同的非均衡问题，进而给出能够解决非

---

① 彼得·德鲁克. 创新与企业家精神 [M]. 北京：机械工业出版社，2007.
② Schultz, Theodore W., Investment in Entrepreneurial Ability [J]. Scandinavian Journal of Economics, 1980, 82: 437–448.

均衡问题的供给函数[①]。

国内学者王林生（1989）认为企业家精神是一种关于心态、价值观、思维模式的集合体，这种集合体由本身愿意冒险、敢于竞争和善于创新的管理人员所承载。庄子银（2005）认为，企业家精神不等同于企业经营者，也不同于资本家，更不构成传统意义上的一个阶层，他提出企业家精神具有鲜明的特征：首先，企业家精神具有一种追寻私人王国的梦想与意志；其次，企业家精神具有一种证明自己比别人更优秀的征服意志；获取成功的快乐是企业家精神最强烈的动机[②]。他认为企业家是长期经济增长的微观机制，其实质核心在于模仿和持续的技术进步。

早期的研究者基于心理学的相关理论，认为在同等条件下面对相同的机遇，具有不同人格特质的人会作出不同的决策。学者们通过分析企业家的成长环境、家庭背景、教育经历等社会和心理要素，对企业家的人格特质进行归纳总结，通过提炼得到"企业家"这一特殊群体所具有的共性特质，并将这些具有共性的人格特质定义为企业家精神。学者们一致认为企业家和普通管理者在成就动机、控制点、风险偏好这三个方面存在显著差异（Gasse，1982）。

通过将企业家群体和普通人群进行比较研究，研究人员发

---

① Schultz, Theodore W. The Value of the Ability to Deal with Disequilibria [J]. Journal of Economic Literature, 1975, 13: 827-846.
② 雷宇，李生效. 熊彼特创新理论中的企业家生成机制 [J]. 绍兴文理学院学报（自科版），2005，4.

现具有高水平成就动机[①]的人，会努力地为自己谋求企业家的职位和权威，以此获得更多的成就使自我得到满足；相比之下，拥有其他类型人格特质的人，大多成为企业的普通管理人员（Stewart et al., 2003）。因此，他们认为企业家是具有高成就动机的人，并将企业家精神定义为一种对于成功有着强烈渴望和追求的人格特质。柯林斯（Collins, 2002）和斯图尔特等（Stewart et al., 1999）采用元分析的方法进一步验证麦克莱兰等（McClelland et al.）的结论，并指出企业家在成就动机方面与普通人相比具有显著差异，具有高成就动机的人更容易成为典型的企业家，他们主动为自己设定目标，并积极地完成和实现目标。虽然许多实证研究证明了"企业家精神"与成就动机之间的关联（Lau & Busenitz, 2001；Lee & Tsang, 2001），但是企业家的成功并不仅只是因为他们都具有高水平的成就动机。有研究指出，对于成功有着强烈渴望的人，往往更加在意个人的得失，这使他们很难全心全意地与他人合作，合作对于企业家和企业而言，是创造价值和取得成功必不可少的过程。

控制点理论[②]认为，个体对自己生活中发生的事情及其结果的控制源有不同的解释。基于这一理论，研究者们发现成功的

[①] 成就动机（achievement motivation），是个体追求自认为重要的有价值的工作，并使之达到完美状态的动机，即一种以高标准要求自己力求取得活动成功为目标的动机。

[②] 控制点（locus of control）这一概念，最初是由美国社会学习理论家的朱利安·罗特（Julian Bernard Rotter）于1954年提出的一种个体归因倾向的理论，旨在对个体的归因差异进行说明和测量。

企业家往往是具有内控型人格。博伊德和沃滋柯斯等（Boyd & Vozikis et al., 1994）将企业家精神的内涵概括为一种具有高水平自我效能感的内控型的人格，在面对外部环境变化时，企业家在意识到危机的同时，更能捕捉到环境变化所带来的机遇，并依靠自己的能力克服阻碍和困难，积极地把握和利用机遇，为自己和企业创造价值。

在风险偏好方面，肖恩（Shane, 2007）指出企业家往往具有较高的风险偏好，他们可以更好地利用商业机会，因为承担风险是创业和创新的一个基本组成部分（Van Praag & Cramer, 2001）。正如德鲁克所言，企业家视变化为常态，具有高风险偏好的企业家在面对机遇时会主动投入自己的时间和资金，或者是主动放弃现有的稳定工作状态，开始着手创建或管理新的业务，这些都是企业家承担风险的表现。另外，斯图尔特和罗斯（Stewart & Roth, 2001）采用元分析的方法发现企业家比一般的管理者具有更高的风险偏好，企业家更加关注创业和创新行为的结果或者是风险行为能够为企业创造的价值，而普通管理者更加关心的是个人的收入。

基于人格特质的相关理论，学者们认为企业家精神是企业家群体区别于普通人和一般企业管理者的一系列特殊的人格特质，企业家通常具有内控型人格[1]，有超出常人的成就动机和风

---

[1] 内控性格的人，认为结果取决于内在原因，人们的行为、个性和能力是事情发展的决定性因素，深信自己能掌握自己的命运，而外控性格的人，更多地认为事情的结果是由机遇、运气、社会背景、任务难度、他人及超越自己控制能力的外部力量的因素所决定的。

险偏好。但是从人格特质的视角来研究企业家精神具有很大的局限性,加特纳认为,基于人格特质理论对企业家精神进行的研究正在走向一个误区,许多研究始终在回答一个错误的问题"谁是企业家?"(Margaret Kobia,2010)。通过对成功企业家人格特质的归纳,用一系列人格特质来定义企业家精神的方法过于片面。

加特纳和加兰(Gartner & Carland et al.)基于行为主义理论,指出"企业家是以创造价值和获取利润为主要目的,建立和管理企业的个人,其特点主要表现为创新行为和采用科学的方法进行战略管理实践"(Margaret Kobia,2010)。基于这一理论视角,研究者们主要关注的是企业家的创业行为,企业组织往往被视作首要的研究层面,企业家是进行创业活动的承担者。通过对企业家创业活动的研究,加深了人们对于企业家精神的理解。肖恩(2007)认为,企业家与一般的企业所有者或管理者的区别在于,他们创业和创新的目的是创造财富和积累资本,他们有能力识别机会,并利用机会创造价值。

二、企业成长理论

关于企业成长的学说源远流长,最早可以追溯到亚当·斯密的《国富论》。虽然亚当·斯密在他的著作中没有直接提到企业成长的概念,但是按照他的理论逻辑,"分工"是导致企业形成和扩张的主要原因,由于社会分工的形成,导致了生产率的提高。社会分工一方面使人们更加"专精",更加熟练自己的工作,另一方面企业的形成从时间和空间上将劳动者聚集起来,使他们之间的劳动和交易存在了内在的联系,提高了劳动生产效率。随着劳动生产率的提高企业的规模不断扩大,会引起规模报酬递增,如此循环往复,实现了企业的规模经济和企业的成长。这种通过劳动生产率的提高来解释企业成长的思想是古典经济学中的主要观点。

　　约翰·穆勒继承了亚当·斯密的理论思想,并在此基础上进行了进一步地深入和扩张。约翰·穆勒认为企业成长主要表现为企业规模的扩展,因此他在古典经济学的研究框架下,对企业规模和企业成长之间的关系进行了深入的分析。他将企业视作联合劳动和分工的产物,这种联合劳动和分工需要一定的物质基础,因此他指出企业的资本量决定了企业的规模。他认为企业规模的扩张源于劳动分工的细化和劳动者技能的提升,企业规模扩张的同时还能通过机器化扩大生产来增加企业的固定资本,利用固定资本代替流动资本的增加,从比例上节约生产所需的劳动量,进而提高生产效率。约翰·穆勒认为,企业成长是一种大企业代替小企业的过程,之所以存在这种趋势是由于企业规模经济的作用以及规模经济对资本的追求[①]。

　　古典经济学派的代表人物艾尔弗雷德·马歇尔(1890)也将规模经济视作企业成长的根源。他认为企业的扩张一方面

---

① 许晓明,徐震. 基于资源基础观的企业成长理论探讨[J]. 研究与发展管理,2005,4.

是依赖于所在行业的整体发展水平，另一方面是受到行业中个别企业生产水平提高的影响。他将这称为内部经济和外部经济，并视作企业成长的根源。在关注企业生产能力的同时，马歇尔还指出销售能力也是影响企业成长的关键要素。他认为，企业的销售能力决定了企业是否能够享受到外部经济。他在《经济学原理》一书中指出，在那些实现了大规模生产的行业中，大部分企业都面临销售问题，而有组织的采购、生产和销售会导致行业中小企业的联合和兼并，进而导致企业规模的扩张。

在战略管理研究领域中，学者们关注的焦点在于怎样实现企业的成长。张伯伦和罗宾逊（Chamberlin & Robinson，1933）通过对企业特有资源的研究发现，企业所拥有的特殊资源是企业在非完全垄断竞争市场中，获得更大经济利益的关键因素，他们认为企业的特殊资源使其获得了独特的竞争能力。这一观点为战略管理中资源基础理论奠定了基础。沃纳菲尔特（Wernerfelt，1984）通过对企业内部资源的研究发现，企业组织能力的提升、内部资源的积累是构成竞争优势的基础，相较于企业的外部资源，内部资源对企业获取竞争优势更加重要。随后温特等（Winter et al.，1987）在此基础上进一步探索了企业竞争优势等相关问题，在对企业内部资源、企业能力、竞争优势等问题的研究基础上，形成了战略管理领域中一个重要的学术流派—资源基础理论学派。

资源基础理论认为，企业成长的关键在于企业所拥有的异质性资源。所谓的异质性资源是指在企业间流动性较差,甚至是完全不能流动、不可交易的资源。资源的异质性主要体现在供给的有限性,企业无法大批量、快速获取这类资源,拥有异质性资源的企业可以通过对这些资源的垄断获得超过平均利润的租金。资源基础理论的基本逻辑是,企业内部所拥有的独特资源是企业获得竞争优势的核心要素。

对于资源的界定,经历了一个从"有形"到"无形",逐渐深入的认识过程。起初,研究者仅仅把一些有形的物质,如货币等定义为资源。沃纳菲尔特(1984)则认为"一切能够为企业带来力量或弱点的东西,如品牌、技术、知识、程序、资本等都可以是企业的资源,这种资源不仅是有形的还可以是以无形的姿态存在"。经过不断深入的探索,资源基础理论学派的学者普遍认为企业资源是"一个企业所控制的并使其能够制定和执行改进效率和效能之战略的所有资产、能力、组织过程、企业特性、信息、知识等"[①]。

现代企业成长理论的奠基人是彭罗斯(Penrose,1959),他在《企业成长理论》中,对企业成长问题进行系统的分析。他首次将"企业成长"这一问题作为主要的研究对象。她构建了一个"管理能力"供给的分析框架,在这一框架内系统地研究了企业成长问题。彭罗斯的企业成长理论又被称为内因成长论,因为在他的分析框架内着重强调了管理对企业成长的

---

① 许晓明,徐震. 基于资源基础观的企业成长理论探讨 [J]. 研究与发展管理, 2005, 4: 91 - 98.

作用，弱化了企业外部要素的影响。他认为，企业成长的动力来自企业的内部资源，企业内部资源的积累和过剩以及对资源认知水平的提升是造成企业成长的原因。彭罗斯（1959）认为，由于企业内部资源存在不可分割性、不平衡性，以及劳动者认知理性和能力的局限性，企业内始终存在着未被充分利用的资源，这些未被利用的资源是企业成长的基础，而企业成长的过程是对企业内部资源不断开发和利用的过程。

管理学家钱德勒认为，现代企业成长的根源是市场需求的扩大和生产技术的进步。他指出，现有技术和市场需求需要通过管理来协调，采用管理协调的企业比依靠市场协调的企业具有更高的生产效率。他将采用管理协调的企业称为现代工商业企业，采用市场协调的企业称为古典型企业。在他看来，企业的发展史就是现代公司制度取代古典企业制度的历史，是管理协调这只"看得见的手"替代市场协调这只"看不见的手"的历史[①]。因此，他将先进的、科学的管理模式和合理的企业组织形式看作推动企业成长的主要力量。

现代企业面临的是一个动荡变化、复杂纷繁的外部环境，企业成长也因此要更多地受到各种不可预测因素的制约，企业只有能够应对外部环境变化，实现战略资源再生，才能在激烈的市场竞争中得以生产和发展。

尼尔森和温特（1982）通过对企业组织创新、路径依赖等

---

① 小艾尔弗雷德·钱德勒. 看得见的手——美国企业的管理革命 [M]. 北京：商务印书馆，1997：1-6.

问题的研究指出，企业的成长与生物的进化相类似，都是通过多样性、遗传性、自然选择性三种核心机制来实现。这一观点将企业看作一种有机的生物体，为战略管理领域中的"动态能力理论"奠定了基础。锑思、皮萨罗和肖恩（Teece, Pisano & Shuen, 1997）首次明确提出了"动态能力"的概念。他们基于资源基础理论和演化经济理论，提出了一个企业动态能力的分析框架。从企业内部和外部两个方面，研究了企业在动态环境下的成长问题。他们认为，企业的动态能力是一种能够适应不断变化的复杂环境，通过不断的创新来获取竞争优势，促进企业不断成长的能力。动态能力理论中所强调的"动态"是指企业能够根据环境变化，快速调整和更新其独特能力。

动态能力理论围绕动态环境下企业成长的相关问题，从企业成长所需的能力、能力的构成要素、能力的形成路径等方面进行了深入的研究。动态能力理论认为，企业成长的基础是企业独特的能力，这种能力受到企业内部技术、组织结构、管理流程、资源基础等因素的影响。

三、企业家精神影响企业成长的相关研究

尽管学者们对企业家精神的界定各不相同，但学者们一直认同企业家精神对企业成长存在积极的影响作用。

熊彼特的企业家理论从经济学的角度分析了企业家创新精神对于企业成长和经济增长的促进作用。彼得·德鲁克在《创

新与企业家精神》一书中，从管理学角度分析了企业家精神对于企业战略管理的影响，他认为创新是一种可以管理的行为，企业家精神是驱动创新使企业获得竞争优势的重要因素，是企业独特的异质性资源。彼得和沃特曼（Peter & Waterman，1982）从企业财务绩效角度，考察了企业家精神对于企业成长的影响，他们的研究结果显示企业家精神通过提高企业的竞争优势，进而促进了企业财务绩效的提升。许多学者在考察企业成长时，将重点聚焦在企业竞争优势的获取和企业能力的提升，因此对于企业家精神与企业成长之间关系的考量也主要关注的是企业家精神对于企业能力和企业竞争优势的影响。通过细致的理论分析和实证研究，学者们一致认同企业家精神能够提高企业产品和服务创新的效率以及提升市场份额。

谢博德（Shepherd，2003）指出，企业家精神往往赋予企业创新性、先动性和风险承担性，使企业能够抢占先机，获取高额利润。创新是企业的根本，关乎企业的存亡兴衰；积极面对市场和需求的变化以及可能面临的问题，能够使企业在现有市场或可能出现的新兴市场占得先机，通过利用市场中信息不对称所带来的商机获得超额利润；企业的超前行动以及创新实践都面临着企业内部或外部各种因素所构成的各类风险，企业的风险承担水平越高，越能够早于其他竞争对手进入市场，获得更好的市场绩效。学者们关于企业家精神和企业成长之间关系的研究除了强调企业家精神对于企业成长的积极影响，还强调了这种积极影响受到其他因素的干扰，如环境的动态性，创新路径的选择，企业内部组织结构形式等内外部因素（蒋春燕和赵曙明，2006）。

第二节 公司创业与企业成长

一、公司创业

有关公司创业的研究始于1980年以后，学者们致力于对企业创业特征的研究，并将熊彼特的"创业精神"理念运用到企业家个体和企业。虽然公司创业在最初形成的时候用过许多类似的概念，如创业姿态、创业战略、创业倾向等，但它被认为是企业管理人员在选择战略行动时主动创新、承担风险、乐于接受改变以获得竞争优势并采用积极的措施参与竞争的态度却得到了一致认同，同时它也形成了基本的理论框架。还有的学者也提到公司创业是一个包含计划、组织、协调、决策等的系统过程。

米勒（1983）首次提出了公司创业（corporate entrepreneurship）的概念，摒弃了从创业者个体特征入手研究创业行为的传统思路，转而将企业层面的创业过程作为研究重点。米勒将企业分为三种不同类型，即简单型企业、计划型企业和有机型企业。通过对比，米勒发现创业精神不仅表现在创业者个人身上，同时也表现在有机型企业组织身上，有机型企业在产品和技术研发、市场营销等诸多方面都表现出强烈的创业精神。通过对创业型企业和非创业型企业的对比，米勒认为，创业型企业积极创新、敢于冒险、在追求和把握市场机会时往往能够先于竞争对手识别机会并发起行动；而非创业型企业则更加厌恶风险、面对具有风险性的机会往往表现出规避态度，创新意愿不强，在竞争中常处于被动状态[①]。

米勒的研究为创业研究开辟了一个新的思路，此后，许多学者开始将研究重点转向企业层面公司创业的研究上来。科文和斯莱文（Covin & Slevin，1991）提出了"战略姿态"的概念，以中小企业为研究对象，选取111家中小制造企业作为调查样本，研究比较了创业型企业和非创业型企业在战略决策模式上的差异，发现两种企业的战略行为具有显著不同，并且直接影响到各自的企业成长。1996年，伦普金和德斯（Lumpkin & Dess）提出了"公司创业（corporateentrepreneurship，CE）"的概念，并对"创业"和"公司创业"两个概念进行了辨析，认为公司创业是"引导一个企业进入一个新事业的过程、实践和决策制定活动"。伦普金和德斯（Lumpkin & Dess，1996）曾对公司创业作了简要阐述，即包含企业创业过程、创业实践和决策的制定。

公司创业到底是一种战略导向还是多种实际战略行为的集

---

① Miller J. The nature of an entrepreneur [J]. Personnel Psychology, 1988, 24: 141-153.

合，成为研究争论的焦点之一。科文和斯莱文（Covin & Slevin，2000）认为，公司创业是企业的一种心智模式，反映企业创业心态的特殊心理。更为准确地说，公司创业是一种企业文化，这种企业文化是无形的并渗透在企业日常活动中，而且包含着企业最核心的创新、领先以及冒险精神。我国学者张玉利、胡望斌（2004）认为，公司创业是企业在动荡的环境中为追逐新事业和灵活面对企业内外部环境的特定心智模式。焦豪等（2008）认为，公司创业是心智模式和企业精神综合反映。

而维斯帕（Vesper，1990）在他的研究中将建立新的战略导向、激发基层员工工作积极性、设置自主经营的业务部门、开发新产品、收购、合资、组建风险投资团队或风投部门、成立独立的衍生业务公司或创立全新的企业这八类企业行为定义为公司创业。金斯伯格等（Ginsberg et al.，1994）认为，公司创业是一种战略管理方式或者说是一种战略变革。他们将其分为企业内部创业（intrapreneuring）、企业内部改革、企业兼并重组、企业家合作创业、进行新的商业冒险、组织结构更新、对组织现有框架进行破坏式变革。科文（Covin，1991）对公司创业的定义具有更加坚实的理论依据，他将其分为组织结构更新、战略革新、重新规划业务范围。索恩伯里（Thornberry，2001）在平肖等（Pinchot et al.）的研究基础上提出，公司创业表现为企业内部创业、企业风险投资、组织结构变革、产业规则重构。

琼斯·埃文斯（Jones Evans，1996）建立了一个复杂的个体层面公司创业模型，他在平肖的模型基础上，将组织特征、组织管理特点、普通管理者企业家进行了归纳比较。然而，琼斯·埃文斯和平肖的理论模型都缺少实证检验和案例支持。国内外关于个体层面公司创业的研究一方面在理论基础的适用性上存在争议，另一方面现有的相关理论模型缺少实证检验的支持，公司创业在个体层面的研究仍然亟待更加深入的探索。

目前，越来越多的学者开始关注组织层面的公司创业活动，这方面的研究主要集中在企业中从事风险活动的部门或者团队（venture group）以及这些团队或者部门的领导者和管理人员。索恩伯里等认为具有企业家精神的部门负责人和团队领导者对于这些从事风险活动的团队和部门来说十分重要。另外，组建一支优秀的风险活动团队还需要建立合理的激励机制，挑选具有相关从业经验的风险管理人员，给予项目管理者充足的自主时间并且积极推动团队建设。需要指出的是，现有关于团队和部门层面的公司创业研究都没有对组织情景进行区分，比如，这个风险活动部门或者团队是处于一家新创企业中，还是处于一家成熟的。由于受到实证数据和研究分析方法的限制，大部分研究聚焦于较为成熟的具有一定规模的企业。

在现有文献中，只有两篇文章试图通过模型来描述公司创业内在机制。霍恩斯比等（Hornsby et al.，1993）提出了一个公司创业的互动模型，用来分析"从公司创业的形成到与之相关的企业战略制定和实施"这一过程,以及哪些因素对其产生了影响。高塔姆和威尔马(Gautam & Verma,1997)构建了一个循环模型,用来分析在组织内是哪些因素促使了公司创业的形成,并引发了与之相关的企业行为。这一模型的不足在于忽略了社会文化、组织文化、主流文化和非主流文化对于公司创业的影响。与伯格曼以组织战略为中心的模型不同,霍恩斯比和高塔姆等(Hornsby & Gautam)提出的模型在本质上更为全面地考察了外部环境、组织以及组织中个体员工三者之间的关系。

国内对于公司创业的研究起步较晚,近些年国内学者针对中国情景,对国外的公司创业相关理论模型进行了修正和拓展,并进行了大量的实证研究。

李作战(2010)对企业的社会资本进行了归纳,结果发现企业规模和企业年限这两个控制变量对企业社会资本和公司创业的影响显著;张仁江(2010)从公司创业三维度之间的关系研究出发,得出企业文化与企业成长存在正向影响关系;为公司创业从企业文化这一企业战略方面的研究提供了新的方向;张峥(2011)以东北地区的企业的调研数据分析可知,创业环境对企业成长的影响作用巨大;单莎娜(2011)以江苏省涟水市大学生村官创业的实践,从资源整合能力的调节性视角,研究公司创业与新创企业成长之间的关系并不受资源配置能力的影响[①];谷宏(2011)提出企业的资源整合能力对创

---

① 蒋峦,谢俊,等.创业导向对组织绩效的影响——以市场导向为中介变量[J].华东经济管理,2010,5.

业绩效的直接和间接作用；张峥（2011）从创业绩效的影响因素出发，提出创业环境和公司创业者两个影响变量，构建了一个三维模型，并通过对中国东北地区的企业数据的实证分析得出创业环境影响着创业绩效的结论；双华军（2011）揭示了产业集群内部创业环境对公司创业三维度（创新性、风险承担性和先动性）的影响，厘清这一关系有利于创业环境的优化和企业创业绩效的提高；梁巧转、孟瑶等（2012）从高阶理论入手，通过采集的 86 个样本数据进行实证研究，结果表明公司创业对创业绩效有积极影响，且在自变量与因变量的影响机制中，公司创业起的是部分中介的作用；此外，研究还发现团队氛围在这一模型中起着调节作用；宋健（2013）开创性地将公司创业作为中介变量，证明了公司创业中除风险承担性维度对微型企业的创业能力与创业绩效的调节作用不是特别突出之外，其他两个维度的调节作用都很显著；赵非非（2013）以变革性领导为自变量，得出公司创业通过组织学习对创业绩效产生间接的效应，并为企业提高创业绩效提出了一些建设性的意见；周荣华（2013）鉴于目前学术界对社会资本各维度对创业绩效的研究不甚透彻，构建了一个关于社会资本的三维理论模型，得出公司创业在此模型中的中介作用不明显的结论[①]。

---

① 宋典，袁勇志，等. 创业导向对员工穿心行为影响的跨层次实证研究——以创新氛围和心理授权为中介变量 [J]. 科学学研究，2011，8.

马马度（2014）以中国东北地区的中小企业为研究对象，将领导学和创业学结合起来构建领导风格、公司创业和创业绩效三变量模型，分析什么样的领导风格能带来高绩效的公司创业和创业绩效；巴亚尔赛罕（2014）以蒙古国为研究对象，并构造了以公司创业为中介变量的三变量研究模型，并通过实证分析验证了假设的合理性；武莉莉（2015）以北上广深四个地区的150多家互联网企业为研究对象，采用问卷调查法收集数据，得出相较于非互联网行业，互联网及相关行业中公司创业和企业家精神对企业成长的影响更为深远；约翰·威克伦德和狄恩（Johan Wiklund & Dean，2015）基于管理层操控资源的目的在于建立竞争优势，且以资源为基础的研究很少关注这些资源的内部联系和公司的组织方式，抓住公司创业是研究企业组织方式的重要方面，得出知识资源与企业成长正相关，且公司创业增强了这种联系的结论。

余翔（2008）分析了新创企业集群共享性资源对公司创业的正相关关系，其中资源交换整合强度对新创企业的风险承担性有非正相关影响的结论；胡君霞（2010）基于压力等理论基础，通过构建了创业压力、创业自我效能感与公司创业的三维关系模型，分析检验了三个变量之间联系的紧密程度；余璐（2010）将CEO激励作为自变量，着重分析了CEO激励不仅包含物质激励（如年薪、持股比例等），也包含精神激励（如声誉、任期等），且后者也会在一定程度上影响公司创业，有助于帮助企业树立正确的CEO激励机制，促进企业成长的提升；邓金玉（2011）以中国东北地区为调研对象，将公司创业作为因变量，构建了创业者特质的三维度——控制源、成就需要和风险倾向性与公司创业之间的直接关系，同时还引入了环境不确定性这个调节变量，得出一些有意义的结论[①]；袁菲（2013）运用问卷调查法和实证分析法探究了感知外部环境的某些维度、组织内环境的若干维度和知识转化对公司创业的影响都是显著且正向的，此外内部环境中管理者报酬以及支持维度在模型中发挥着部分中介的作用，得出外部环境要素通过内部机制影响企业的结论；李俏兰（2013）抛开了传统的公司创业研究思路，只是把公司创业作为因变量，并不是单纯地研究企业成长和公司创业的关系，而是研究组织即兴对公司创业的影响，并探讨了环境动态性对上述关系的调节作用的作用机理，对不同类型的企业的创业活动具有指导意义；刘伟、杨贝贝等（2014）以中国创业板上市公司的面板数据为实证数据，研究制度环境对公司创业战略并购决策的影响机制；李利（2014）以山东聊城为调查区域，研究中小企业组织文化与公司创业之间的关系，发现组织文化对公司创业的影响不同，其中灵活性和外向性促进公司创业，而稳定性和灵活性却阻碍公司创业[②]。

[①] 焦豪，周江华. 创业导向与组织绩效间关系的实证研究——基于环境动态性的调节效应[J]. 科学学与科学技术管理，2007，11.

[②] 焦豪. 创业导向下企业动态能力提升机制研究——基于组织学习的视角[J]. 浙江大学，2007.

二、公司创业影响企业成长的相关研究

关于公司创业对企业成长的研究，李宁（2005）从组织信任着手，研究组织信任（领导、同事、高管）对公司创业和企业成长的影响机制，得出外部环境的竞争越是激烈，组织信任表现出来的作用就越为重要的结论；王聪轩（2007）通过研究组织结构、环境因素（敌对性和动态性）对公司创业和创业绩效的影响，得出若企业组织结构的有机性越高，风险承担和先行性对创业绩效的影响就越明显，即具有正相关影响，而竞争积极性在有机性高的企业中对创业绩效的影响却是负相关的，同时，其他两个维度的影响就不是特别明显；焦豪、周江华等（2007）建立了公司创业与组织绩效的结构方程模型，并研究了环境动态性的调节作用；焦豪（2007）构建了公司创业、组织学习、企业动态能力的三维模型，提出创新性和先动性显著的企业提升动态能力的速度更迅速；魏江、焦豪（2008）打破了以往研究公司创业与企业成长之间的关系的思维定式，创造性地为公司创业的研究开辟了新思路[1]。

陈益丹（2008）运用案例分析法，对浙江铭道通信技术有限公司和温州奥康集团这两个企业进行实地访谈，探讨在中国转型经济的大潮流中和内外部竞争压力下，企业如何在不同的

---

[1] 谢洪明，程聪. 企业创业导向促进创业绩效提升了吗——一项 Meta 分析的检验 [J]. 科学学研究，2012，7.

公司创业背景下,采取不同的行为策略,而且企业也应该根据自身所处的生命阶段,着重发展特色公司创业;温伟祥(2008)从网络视角着手,对集群企业的公司创业进行了探索性研究,构建了一个四维模型:集群资源——公司创业——结构嵌入性——企业成长,得出集群企业由于具有丰富的集群资源,因此其公司创业高于非集群企业。马鸿佳、董保宝(2009)通过问卷调查法和实证分析法对公司创业、小企业导向与企业成长之间的前因后果关系进行了研究,同时也厘清了所有者拥有企业的年限机理,发现在小企业中,公司创业与企业所有者的管理年限密切相关:在小于 6 年时,正相关关系显著;在大于 6 年时,两者关系不显著;季晓敏(2009)通过对 140 家企业进行问卷调查所得的数据,分析了以组织学习为中介变量时公司创业对企业成长的影响机制,并根据实证分析的结果验证了三个假设的正确性;陈晟杰(2009)开创了公司创业研究的新方向,提出了绿色公司创业这一新概念且检验了组织背景的显著调节作用,但是创业时间的调节作用却并不显著[1]。

张捷(2010)研究了我国在社会主义初级阶段的转型时期市场和规制这"双元"的结构体系对公司创业与绩效的中介影响,即富有中国特色的创业环境所起的中介作用,以便为企业可以根据外部环境的变化适时更新自己的战略和提高企业的绩效;何培旭(2010)研究了由于产业类型各异,企业公

---

[1] 袁睿晗. 创业导向、社会关系与企业绩效研究[J]. 厦门大学,2014.

司创业对企业成长的影响效果不同,这有利于企业利用特色资源禀赋来提高企业成长;张延龙(2010)以企业网络为出发点,探讨了公司创业对创业绩效的正向影响以及企业网络能力的重要调节作用,此外还提出了培养东北中小企业网络能力的方法,主要是提高企业学习能力、加强多种沟通方式以达到战略协同、调整网络占位以获得竞争优势;李雪灵、姚一玮等(2010)结合创业学、营销学和战略管理等相关理论,提出并分析了新企业公司创业的相关问题,并证明了积极型市场导向的市场行为的显著中介作用。姚一玮(2011)从制度嵌入的角度入手,运用实证分析法验证了公司创业和新企业成长之间存在调节变量——一致合法性和中介变量——市场行为战略合法性,在评价指标上选择的是 ISO 质量认证和市场合法性的获取这两个方面,得出三者之间的关系;林枫、徐金发等(2011)以"公司创业与组织绩效的关系"为关键字检索学术数据库中的自 1983~2010 年的 30 篇文献,对公司创业与组织绩效之间的关系进行了元分析,表明二者之间存在显著的关系,此外还探索了两个变量之间可能的调节变量,对未来的研究提供了方向[①]。

位恒军(2012)将创业学习作为中介变量,研究自变量——公司创业与因变量——新创企业成长绩效与之的正相关关系,得出创业学习在模型中的中介效应并不是完全的结论;此外,

---

① 张玉利,李乾文. 公司创业导向、双元能力与组织绩效 [J]. 管理科学学报,2009(2).

他还指出组织学习虽在学术界内的定义不一致,但大致可以从机会发现、创新创造、组织行动和内部共享这四个方面去着手进行分析;谢洪明、程聪(2012)提出创业者对风险的感知能力所产生的调节作用要大于创业者风险倾向所带来的调节作用。付春龙(2013)从消费者个体层面而非企业层面研究公司创业,以自我品牌联系为中介变量,研究了公司创业并得出相应结论;赵童(2013)发现吉林省企业公司创业三维度中除先动性外,其他两个维度对企业成长以及组织学习的影响都是正向的,并且组织学习在公司创业影响企业成长的过程中充当着中介效应,得出一系列符合中国国情的创业和成长类政策性建议;王定华(2013)开辟了公司创业对客户知识管理(主要包括客户知识管理流程能力和环境支持能力)影响的新研究领域,其中创新性维度对客户知识管理的影响最大,因此得出创新性是对客户知识管理产生影响的重要助力;贾建锋、赵希男等(2013)对公司创业与企业成长之间的关系这一热门话题进行了研究,有利于促进中国特色企业的实践;朱天一(2013)通过对组织学习理论研究瓶颈的理解,研究了利用型学习和探索型学习在公司创业和组织绩效中发挥的作用[①]。

王美荣(2014)探讨了企业动态能力在企业中发挥着至关重要的作用,为创业型的企业提升自身的动态能力提供了一些意见;袁睿晗(2014)采用案例分析法和实证分析法,不

---

① 魏江,焦豪.创业导向、组织学习与动态能力关系研究[J].外国经济与管理,2008(2).

仅验证了公司创业与企业成长的高度正相关性，而且还发现社会关系在企业的初创期的作用不容忽视；章行（2014）运用实证分析和皖江城市带的区域调研得出除了风险承担性维度对企业成长与营销能力的影响不显著以外，其他影响或关系都很显著的结论；徐宇斐（2014）从国际新创企业学习理论的视角入手研究公司创业，有助于走国际化道路的企业在激烈的竞争之战中始终占据有利地位。

许少业（2015）将皖江城市带作为样本区间，研究发现当知识管理能力作为中介变量时，知识管理对模型的中介作用并不显著；陈韩晴（2015）从社会创业这种新型的创业模式得到启发，构建以企业声誉为中介变量，公司创业与创业绩效的关系模型，验证了社会公司创业三维度对企业声誉的影响是正面的；高利萍（2015）引入组织学习（学习承诺、分享愿景、开放心智）这一概念，剖析了公司创业与组织创新绩效与组织学习的联系是否紧密[1]；安德里亚斯·恩格兰，夏尔玛·古普塔和利斯·施特伦格（Andreas Engelen, Vishal Gupta & Lis Strenger, 2015）基于资源理论和高阶理论[2]分析了来自790个不同国家的中小企业收集的数据进行实证分析，得出不论在什么样的国家背景下，变革性领导行为（阐明愿景、提供合理模型、高绩效的预期和支持领导行为）对公司创业与企业成长

---

[1] 王国顺，杨帆. 创业导向、网络能力对国际化绩效的影响研究 [J]. 科研管理, 2011, 3.

[2] 哈姆里克和梅森（Hambrick & Mason, 1984）提出了高阶理论（upper echelons theory），他们以人的有限理性为前提，把高层管理者的特征、战略选择、组织绩效纳入高阶理论研究的模型中，突出了人口统计学特征对管理者认知模式的作用，以及对组织绩效的影响。

关系影响显著，同时当高层管理者表现出转换行为的最高水平时，公司创业所带来的绩效水平更高；威廉·威尔士，约翰·克伦德和亚历山大·麦克莱文（William Wales，Johan Wiklund & Alexander McKelvie，2015）通过实证分析法讨论了新创企业探索新领域面临挑战的公司创业结果，并提供了一个关于新创企业未来行为与最终绩效产出的纵向因果链。

三、浙商公司创业发展历程

浙江是民营企业大省，是创业的热土，改革开放40多年，创新创业之势从星星之火到燎原之势，创造了一个又一个著名品牌、块状经济和商业奇迹。海宁没有牛，却成为中国皮革之都；桐乡没有羊，却是中国的羊毛之乡；永康没有金属矿，也没有金属的冶炼厂，却是中国的五金之都。在资源极度缺乏的情况下，浙江经济却取得了辉煌的成就，被誉为"零资源现象"。创业与创新精神支撑着浙江的民营经济处于中国领先地位。浙江企业走过的路，正是中国经济向产业链高端奋力攀升的缩影，凝聚着几代浙商的求索与顿悟、奋起与自强，背后始终有浙江精神在支撑。因此，这部分将从三个阶段来分析浙商创业模式的演变与发展历程。

第一阶段，在改革开放后的前20年，是浙商初创期的创业模式，即从无到有的创业模式，浙商以"草根创业"发家致富。对于许多第一代浙商来说更多的是生存推动型的，资金与技术积累有限,依靠摆摊和办厂的创业方式是主流。优秀的浙商企业家们靠灵敏的市场嗅觉和"敢为天下先"的果敢,利用低成本后发优势创造了一大批"大干快上,在夹缝市场中赢得领先市场份额"的优秀制造企业。第一代浙商创业资源包括资金、技术和人才来自亲朋好友。一批有血缘、姻缘、亲缘关系的人一起创业形成了家族企业,如父子创业的方太集团、夫妻创业的新光集团。他们创业更多的是在某个环节上的创新,大部分是因为能先于优于他人生产某种产品,如娃哈哈研发了儿童营养口服液、鲁冠球生产万向节、茅理翔生产油烟机。这一批从草根成长起来的老一代浙商企业家,他们从事的实业和贸易在那个年代都是不起眼的小产品。然而,恰恰是依靠这些不起眼的小产品,一批浙商跟着改革开放的步伐,顺势而为,用专注和坚持一步步做大做强,完成了资本的原始积累并形成商业资本。

第二阶段,在迈入 21 世纪初期,实施"质量兴国"战略阶段,国家把产品质量提升到关系国家兴衰的高度。"工匠精神"开始悄然推动浙江制造的转型升级,成为浙商精神的主旋律。迈入 21 世纪,高科技、互联网成为浙商精神的载体,实现了"草根经济"向"创新经济"的跃迁。这个阶段,创业动机也从生存推动型转成机会拉动型创业,随着互联网和物联网时代的到来以及家庭人口结构、社会文化的变化,个人或家族内部的资源已经无法满足新锐浙商们创业的需要,跳出血缘、姻缘和亲缘关系,甚至跳出已有的朋友圈和社会网络,在全球范围内，在全领域和跨领域实现资源的整合利用，创业资源的来源更加社会化。另外，创业方式也更加多元化。最后，创业环节也更加丰富。由于国情的改变，单一环节的创新已不足以保证企业创业的成功，他们需要更多环节的联合创新或颠覆式创新。如阿里巴巴成立集合了平台创新、渠道创新、交易工具创新等多个环节的技术创新和非技术创新；被誉为"阿甘传奇"的甘其食旗下各家门店的包子大小一样、口味一样，而且只提供售卖窗口，不提供堂食场所，它的创新集合了工艺流程创新和商业模式创新。

第三阶段，进入新时代，数字经济成为未来发展的主流方向。中国特色社会主义迈入新时代，浙商创业也进入一个全新的时代。数字化大潮磅礴而来，在不进则退的新形势下，传统产业需要加速拥抱新科技，从经营理念、管理模式、技术组织，特别是人才结构等方面，提升大数据、云计算、人工智能等新技术应用的广度深度，推动产业结构和增长动能的转换升级。打造更多的"专精特新"和未来工厂，"老浙商＋芯动能"才有可能在新的赛道或路段继续领跑。以年轻大学生、海归企业家等形成的新生代浙商，为浙商精神注入了更多新元素。新浙商创业在依靠以往积累的经验上，在创业方式上，依靠团队、网络或平台等，可谓是团队创业。在新的形势和环境下创新创业，个人或家族的力量是不够的，尤其是知识和能力的不够，必须依靠团队、互联网和产业链及创业园等。黎恒认为，在创业过程中，企业家要特别注重团队力量，善于放权。同时，需要一些新的产业创新平台，使传统的制造业向知识型、服务型、战略型新兴产业转型升级有一个比较好的平台支撑。新浙商创业，主要依靠新的和综合的素质，可谓是素质创业。老浙商创业虽然也是基于一种素质，主要是勇气和胆量，但更多的是一种行动，是敢作敢为。但新浙商是具有新的健全的主体属性，新浙商创业是新的综合的素质创业。新浙商创业必须选择、掌握和运用新技术。技术是创业和获益的工具，是转型和升级的手段。新浙商创业的行业或产业选择，重点是转型升级的制造业、新兴的高科技产业和现代服务业。对于处在转型升级中的制造业，可以采取嫁接的办法来创新创业。

四、浙商公司创业与企业成长

根据前面所描述的浙商企业创业模式的演变和发展历程，可以看出，这既是浙商的一部创业史，也是浙商的成长史。企业不可能存在于一成不变的环境，这就要求企业必须及时认识环境和条件的变化，进行全方位的创新创业，为企业不断注入新活力，以此来获得持续竞争力，使企业得到成长，立于不败之地。因此，企业的成长离不开公司创业。

有"中国民营企业常青树"之称的万向集团，正是由一位普通农民鲁冠球一手创立的。万向集团创建于1969年，从鲁冠球以4000元资金在钱塘江畔创办农机修配厂开始，生产犁刀、铁耙、轴承、万向节等五花八门的产品①。这些简单的制品满足了当地农民生产需要，万向集团也在这个过程中艰难地完成着资本的原始积累。10年后，万向集团认识到宏观环境的变化，中国将大力发展汽车业，万向集团毅然决然做出战略调整，大胆预测未来发展方向，最终决定砍掉其他项目，专攻于万向节这个传动轴与驱动轴的汽车连接部件。万向集团不断学习创新，使工厂生产的万向节在国内市场脱颖而出，成为全国仅有的万向节定点生产的三家企业之一。虽然万向节的生产取得了成功，但是万向集团没有居功自傲，反而进行了工厂管理模式的创新。管理模式从"总厂式"转变为"集团化"，实现爆发式增长，产品线也逐渐丰富起来，产品从零件到部件到系统，实现了专业化生产、系列化产品、模块化供货。

进入21世纪后，通过传统制造业继续发展，奠定了万向集团中国汽车零部件行业龙头地位。万向集团也开始涉略金融、服务、现代农业等领域，并取得突破性进展，逐步成为一家现代化企业集团。可见，企业的创新创业，将使企业不断成长。万向集团不断提高目标，提出坚持"实业"与"金融"结合，提高效率，坚持"走出去""引进来"，融通资源；坚持发展新能源，抢占制高点。万向集团从不故步自封，不断砥砺前行创新创业，成就了如今的万向集团。

---

① 资料来源：万向集团网站。

第三节　新时代浙商精神与浙商企业成长

一、浙商精神的演变与传承发展

企业家精神具有明显的民族性和区域性，存在于一个个具体的地域性企业家群体身上。浙江的地理环境、生产方式、社会文化造就了浙江人民兼容并蓄、励志图强的生活气度，砥砺了浙江人民厚德崇文、创业创新的精神品格。"浙商"首先是一个地域概念，同时是一个有着深邃内涵和宽泛外延、在浙江历史发展过程中长期积淀而成的文化概念。在地域维度上，浙商可以被诠释为在浙江的具有某种共同文化和精神特征的创业者、经营者与创新者的集合。浙商精神既传承与沿袭了优秀传统基因，又随着时代的发展历久弥新，显示出强大的生命力和创造力。浙商精神的演变与传承可以分三个时期进行探讨。

第一，从历史来看浙江文化和浙商精神。浙江历史上古圣人先贤代表人物和当代知名的代表性的浙商企业家的精神，智慧，精神情怀，人生观和价值观，共同成为当代整个浙商群体优秀文化的重要来源和榜样，影响整个浙商群体的格局和行为。禹的"因势利导，敬业治水"，越王勾践的"卧薪尝胆，励精图治"，钱王世家的"保境安民"，知府林启的"讲求实学",叶适为代表的"务实而不务虚"的永嘉学派,陈亮为代表的"义利双行"的永康学派,黄宗羲的"工商皆本",龚自珍的"不拘一格降人才",王充强烈的批判精神,以及王阳明的开拓创新思想等,都促成了传统浙商的基本文化因子,为当代浙商精神的发展和演进奠定了深厚的文化底蕴[①]。这些文化底蕴是刻在浙江人骨子里的基因和最高道德指引,最终决定浙商的根本行为方向,决定了浙商从哪里来再到哪里去的问题。

第二,改革开放以来浙商崛起时期。从浙商精神的内涵和要素来看,现有的概括与提炼大致是从两个阶段进行的,创业期和守业开拓期。创业期的浙商精神被形象地概括为"四千精神",即"走遍千山万水、历经千辛万苦、道尽千言万语、想出千方万法"。此外,还有"二板精神",即白天当老板,晚上睡地板。这种精神反映了特定经济发展阶段时期社会物质财富匮乏、总体科学技术水平低下、计划经济烙印影响深厚的经济背景和"一缺技术、二缺资金、三缺人才"的客观条件,是对"生存型创业"的真实写照。守业开拓期的浙商,主要是通过艰苦奋斗和改革创新,稳定持续地保有自己的商业成果,并使之进一步巩固与扩大。这一阶段的浙商精神具备求真务实、大胆创新、灵活变通、理性包容、讲义守信等要素,大体已经被概括为勤奋务实的敬业精神、灵活创新的变通精神、抱团合作的团队精神、恪守承诺的诚信精神四项主要内容。林

---

① 林吕建,唐玉. 论当代浙商精神的科学内涵[J]. 浙江社会科学,2011(8):61-67,104,157.

吕建、唐玉（2011）指出传统浙商精神大致涵盖了吃苦精神、隐忍精神、诚信精神、开拓精神、变通精神、创新精神、包容精神、合作精神等要素，并将其统括为"任时敏行，开拓创新，勤奋拼搏，诚信守义，情怀家国，四海为业"。

第三，新时代浙商精神。党的十九大报告中，习近平总书记提出"新时代"的概念①，这是中国发展新的历史方位。中国特色社会主义进入了大有可为的时代。世界局势出现"百年未有之大变局"，意味着外部环境的诸多变化，浙商若要在"新时代"中勇立潮头，必然需要有一种新的浙商精神与之相适应。

在经济转型升级的背景下，浙商以"千方百计提升品牌，千方百计拓展市场，千方百计自主创新，千方百计改善管理"为内涵的"新四千精神"应运而生。原有的"四千精神"概括了浙商艰苦创业的精神，"新四千精神"则是刻画了经济转型升级时浙商不破不立的精神。吴晓波（2018）将新时代浙商精神概况为"与时俱进、好学、善学、'亲'且'清'的新型政商关系以及干在实处、走在前列的'求是精神'"。中国非公经济人士浙江研究基地"浙商精神研究"第2课题组（2017）把新时代浙商精神界定为：在浙江这个特定的区域范围内，在自然、地理、经济、文化、历史和社会等众多生态环境因素的综合作用下，浙江企业家群体在长期生产经营和创业

---

① 十九大报告，习近平宣示"新时代"[EB/OL]. 新华网，2017-10-22.

第一章 文献综述

创新过程中积累沉淀的知识、经验、能力、意志、道德和情操等的有效集成，主要体现为诚信精神、坚韧精神、冒险精神、创新精神和担当精神五种精神。陈国权、陈洁琼（2018）认为可将传统"义利并举"的浙商精神解释为当下强调的公共精神、普惠精神和共享精神，并在新政治格局中树立"亲清"浙商精神。

浙江省委原书记车俊提出新时代浙商精神[①]，并概括为六个方面：

（1）坚韧不拔艰苦创业。从修鞋匠到商界传奇，从地摊小贩到集团"掌门人"……耀眼的人生曲线是众多浙商的创富路线图，看似"飞上枝头变凤凰"的"幸运"，起点却是打铁匠、收破烂的草根农民。浙商逢山开路、遇水架桥的闯劲，水滴石穿、绳锯木断的韧劲，锲而不舍、百折不挠的干劲，升华出坚韧不拔的创业精神，这些精神继续鼓励我们创业，激励我们在新时代依然要走在前列。

（2）敢为人先开拓创新。锐意创新是浙商的优良品质，在一个呼唤创新、尊重创新的新时代，要"弘扬敢为人先的创新精神，增强直面荆棘的无畏勇气、敢为人先的胆识魄力、善于创新的本领能力"，利用创新驱动释放强大动能，民营经济兴则浙江兴，民营经济强则浙江强。

（3）兴业报国勇于担当。"未有我之先，家国已在焉；没

---

① 车俊在第四届世界浙商大会上的致辞[N].浙江日报，2017-11-30.

有我之后，家国仍永存"。家国情怀既是中华文明几千年的优良传统，也是当代社会主义核心价值观的体现。邵逸夫先生曾说过，"一个企业家的最高境界就是慈善家"①。作为一名企业家，有了家国情怀，责任和担当自然水到渠成。兴业报国，勇于担当，这正是老一辈浙商在崎岖的成功之路上用心血留下的路标，后来者只有循着它们才能攀上风光无限的顶峰。从做冰箱赚取第一桶金到造摩托车小试牛刀，再到如今在世界汽车行业占据一席之地，富而思进正是吉利控股集团董事长李书福越做越大、越做越强的秘诀。万事利集团董事局主席屠红燕回忆母亲沈爱琴时常常会提到这样一个细节："母亲生前常年随身带着一张长方形的红色纸条，上面记着她的'六不忘'原则——不忘根、不忘本、不忘善、不忘恩、不忘责、不忘情。"② 老一辈浙商出道之初多卑微，然而他们树高千尺却不忘根。只有做到"富而思源"，才会明白自己的财富从何而来，才会清楚自己的财富将向何而去。阿里巴巴集团将每年收入的千分之三用于支持公益，目前这个"千三"累计已超过10亿元③。解决的社会问题越大，你所得到的回报会越大，你的企业也会越大。弘扬兴业报国的担当精神，富而思进、富而思源、富而思报，确立起更强的家国情怀，承担起更多的社会责任。

（4）开放大气携手合作。浙商本身是改革开放不平凡历

---

① 邵逸夫：一个企业家最高的境界是慈善家 [EB/OL]. 新华网，2014－11－13.
② 大力弘扬新时代浙商精神 [EB/OL]. 浙江新闻网，2017－11－30.
③ 阿里巴巴公益基金会宣布聚焦三大方向，营收千分之三做公益已坚持10年 [J]. 中国经济周刊，2021－9－6.

程的见证者和推动者，他们胸怀天下、放眼全球，坚持走出去与引进来相结合，在整合资源中携手共进，在竞争合作中做强做优。走出去的浙商并没有忘记家乡，而是以自己的方式反哺家乡。在如今"一带一路"建设的大背景下，浙商早已瞄准新机遇，走出去甚至到海外开疆拓土，并形成新的发展合力。

（5）诚信浙商行以致远。社会主义市场经济，其实质就是诚信经济。身处商界，义在利先，千百年来被一代代浙商奉为圭臬。当下，全球1200万名浙商身处新时代，踏上新征程。诚信守法，依然是浙商开疆拓土的重要法宝。诚信文化，是浙商的优势，放慢赚钱脚步，强化信仰，正当其时。

（6）追求卓越砥砺奋斗。一生"死磕"食品安全的戴天荣、一代"国药工匠"冯根生、"民营企业常青树"鲁冠球……他们人虽已逝，精神永留存。他们用一生的砥砺奋斗，标注了浙商群体追求卓越的新高度，翻开了浙江发展勇立潮头的新篇章。步入新时代，浙商要有新气象，更要有新作为。随着绿水青山就是金山银山的理念深入人心，浙商打出了一系列转型升级组合拳，调整着现有的发展格局：粗放型走向集约型、中低端产品转向高端定制产品、制造变成智造……以砥砺奋斗为基石，以追求卓越为引领，勇当新发展理念的探索者、转型升级的引领者，扎根浙江、放眼全球，让新时代的浙商精神绽放出最美的光芒，演绎出新一轮开疆拓土的传奇。

二、新时代浙商精神与浙商企业成长相关研究

优秀的企业家身上总是具备各具特色的企业家精神，但却能同样地指引他们在经营管理活动中进行敏锐的判断和正确的决策，促进企业成长，进而获得成功。

吴炯等（2019）以"中国企业家的常青树"，改革开放浪潮下勇立潮头的第一代企业家代表人鲁冠球为例，利用扎根理论，以鲁冠球精神共同回忆新闻作为数据样本，构建从浙商和非浙商视角感知企业家精神过程的研究框架，纵向深入挖掘以鲁冠球为代表的浙商企业家精神特质，分析新时代浙商企业家精神特质，发现从浙商视角下感知的浙商企业家精神在敬业精神、责任担当方面最为突出。仇宝华、徐德明（2016）运用案例分析，基于动态视角，归纳了吉利控股集团创始人李书福演化发展式企业家思想的三大特征：执着前方、坚持前路、摸索前行。李书福丰富的创业经历体现了代表草根属性的实干精神，不惧尝试、不断坚持的个人特质也成为其获得成功的关键特质。李丙军等（2016）以娃哈哈创始人宗庆后为研究对象，归纳总结宗庆后的企业家精神：勇于创新与强势开明；提炼出企业家精神的内在作用关系：企业家精神通过指导外部经营的经营思想和指导内部管理的管理思想两者之间的内外兼修、相互配合共同发挥作用，引领企业的发展历程。

第四节 研究评述

通过对现有文献的梳理，可以看出关于企业家精神研究经历了从"个体层面"到"组织层面"再到"社会层面"这样一个由微观到宏观的研究过程。学者们从多个视角对企业家精神的成因、构成要素、影响因素等内涵及外延进行了深入的分析，这些关于企业家精神的前因研究为探讨企业家精神对企业成长的影响奠定了坚实的理论基础。

在管理学领域中，学者们基于企业家精神的前因研究结论，展开了一系列后效研究，其中企业家精神与企业成长之间的关系是众多研究者关注的焦点。现有研究从资源基础理论、动态能力理论、内生增长理论、产业演化理论等方面详细论述了企业家精神对企业成长的促进作用。在实证研究方面，企业家精神的测量一直是研究的难点。许多研究利用与企业创新相关的财务数据作为衡量企业家精神的标准，以此来分析企业家精神对企业绩效的影响。这种测量方法虽然具有一定的局限性，但是创新作为企业家精神的核心，以企业的客观创新投入来衡量企业家的主观创新精神具有一定的合理性，这些研究大部分都支持了企业家精神对企业成长具有积极的影响这一观点。而米勒、伦普金、德斯和科文等开发的企业家精神量表，从创新、竞争、风险、合作、主动等多个方面较为全面地考察了企业家精神，这也为本书中对企业家精神的测量提供了方法和依据。

公司创业作为企业在动荡环境中获得竞争优势的重要方式，国外学者对公司创业的内涵和外延从企业内部和企业外部两个方面以及企业个体、部门（团队）和组织三个层次对公司创业进行了深入研究。关于公司创业对企业成长的影响机制现有研究主要分析了组织学习、企业家社会资本、社会网络、资源整合等变量的中介作用，以及企业外部的环境动态性和内部的治理结构对公司创业影响企业成长的调节效应。

这些已有研究为本书提供了丰富的理论基础和实证经验。但是，现有研究中也存在着一些局限，具体有以下几点：

第一，国内管理学领域关于企业家精神影响企业成长的研究较少。通过中国知网以"企业家精神"和"企业成长"为关键词检索1979年至今的博士论文和期刊文献发现，一共只有不到250篇论文，而在这250篇论文中，一方面绝大部分的研究是以组织战略决策和行为的创新性、先动性以及风险承担性来定义企业家精神，将企业组织看作企业家精神的人格主体；另一方面大部分研究关注的是中小企业和创业企业的成长，少有将企业家精神与大型企业的成长发展进行关联研究。在250篇论文中只有伍刚（2012）的博士论文《企业家创新精神与企业成长》从个体层面考察了企业家创新精神对于大型企业持续性成长的影响，但文章属于西方经济学研究领域，主要从微观经济学视角考察厂商的行为。因此，有必要在中国情境下，从管理学视角出发，对个体层面企业家精神与企业成长之间的关系进行深入的研究。

第二，现有研究中关于企业家精神、公司创业、创业导向等概念的界定较为混乱。在中国知网以"企业家精神"为关键词检索1979年至今的文献可以找到将近2万篇文献，其中与管理学相关的有944篇，通过对这写文章摘要的浏览可以发现，关于企业家精神、公司创业、创业导向、公司企业家精神、组织层面企业家精神等概念的界定十分混乱。因此，在研究中有必要重新对这些关键概念进行辨析和探讨，这对深化相关领域的研究十分重要。

第三，现有研究缺少企业家精神与公司创业之间内在逻辑和影响机制的研究。国内对于公司创业的研究起步较晚，在理论研究方面基本上是以国外学者米勒（1983）、科文和斯莱文（1991）等提出的公司创业模型为基础，虽然进行了一系列的前因研究和后效研究，但是缺少对企业家精神和公司创业之间内在逻辑的探讨以及企业家精神对公司创业促进作用的实证研究。

第二章

新时代浙商企业家精神影响企业成长的理论分析

第一节 新时代浙商企业家精神探析

现有研究一致认为,企业家精神是塑造企业异质性的关键要素(徐飞和宋波,2015)。企业家独有的、难以模仿和替代的个人特质则是造成这种异质性的根源所在。因此,本书认为,在管理学领域中对企业家精神进行的研究,仍然需要回归到企业家个体层次。

企业家精神的独特性是若干因素相互作用、相互影响的结果,这些因素有的来自企业家自身,有的来自外部环境之中。在众多的影响因素中,起决定性作用的是企业家异于常人的成就动机(Stewart et al.,2003)、风险偏好(Van Praag & Cramer,2001)以及内控型人格(Boyd & Vozikis,1994)。高水平的成就动机是企业家异于普通管理人员的关键所在，麦莱兰和斯图尔特等（McClelland & Stewart et al.）认为，企业家精神所代表的是企业家对于成功的强烈渴望和追求。杰出的企业家往往不安于现状，主动为自己设定目标，并积极地完成和实现目标。在熊彼特的企业家理论中，这种目标往往是超越了"能用货币消费去满足的那种需要"，是一种理想，要寻找一个私人王国；是一种意志，去战斗的冲动[①]。企业家超于常人的风险偏好是企业家精神所表现出的敢于冒险、勇于承担风险的根源所在。沙恩（2007）认为，企业家往往具有较高的风险偏好，他们可以更好地利用商业机会，因为承担风险是创业和创新的一个基本组成部分。内控型人格决定了在面对同等的外部环境时，企业家与普通企业领导者或管理者的行为差异。企业家精神所表现出的坚持不懈、执着追求往往源于企业家相信事情的结果取决于他们在做这些事情时的努力程度，所以他们相信自己能够对事情的发展与结果进行控制（Boyd & Vozikis，1994）。这些来自企业家自身的影响因素在形成的过程中一方面由企业家个体先天因素决定，另一方面受到成长环境、家庭教养等后天因素的影响，这些都是企业家精神异质性的根源所在，难以模仿和复制（Gasse，1982）。

但这些内在要素只是构成企业家精神的必要条件，是企业家区别于其他管理人员或企业领导的个性之所在，而民族文

[①] 雷宇，李生校. 熊彼特创新理论中的企业家生成机制［J］. 绍兴文理学院学报，2005，10（25）：22-25.

化、现代商业精神、竞争环境以及时代背景等外在因素则构成了企业家精神的共性。企业家精神是企业家群体所共同拥有的特殊的意志品质,这种共性源于一个国家或地区社会文化的影响,马克斯·韦伯将欧洲企业家精神的形成归结为新教精神的发扬[①];华人企业家精神则深受儒家思想的影响(Wu,1983)。现代商业精神、市场竞争环境以及社会规范等环境因素和时代背景是构成企业家精神中所蕴含的诚信、敬业、社会责任等理念的外在动因和社会基础。

正是在这些内在和外在、先天和后天、个性与共性等要素的影响下,构成了极具特色的企业家精神(见图2-1)。企业家精神并不是一个单维的概念,而是一系列优秀精神品质的

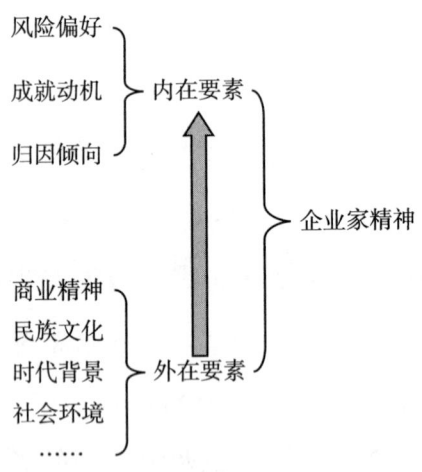

图2-1 企业家精神的影响因素

资料来源:作者根据本书研究整理。

---

① 何涌. 企业家理论及其对发展中经济的适用性 [J]. 经济研究, 1994 (7):54-59.

集合，并随着社会的进步不断变化和发展。本书研究认为，企业家精神是以企业家自身独特的个人素质为基础，在经营管理实践活动中形成的以创新为核心，以冒险、合作、敬业、学习为主要内容的一种综合性的精神品质。

虽然企业家精神在一定程度上受到社会环境、民族文化的影响，但是国内外学者一致认为，创新是企业家精神的核心和本质。彼得·德鲁克认为企业家精神的核心是"创造出新颖而与众不同的东西；改变价值观"①。熊彼特认为企业家是从事"创造性破坏"的人，这一观点反映了创新是企业家精神的本质。根据2013年中国企业家调查系统的追踪调查报告显示，有40.1%的企业家认为"勇于创新"是企业家精神的核心内容②。冒险、合作、敬业以及学习等企业家精神的其他方面，是进行创新实践以及创新得以成功的重要保障。德鲁克认为"冒险"是企业家精神中的重要组成部分，因为"所谓的企业家，在创新过程中只有少数几个人知道他们在做些什么。大多数人缺乏方法论，违背了基本且众所周知的法则"③，因此创新本身就是一种冒险。创新不是企业家的"天才的闪烁"，创新的成功离不开持续的学习、广泛的合作以及对目标执着甚至偏执的追求。

---

① 彼得·德鲁克. 创新与企业家精神 [M]. 北京：机械工业出版社，2007：20.
② 中国企业家调查系统. 中国企业家成长20年：能力、责任与精神 [J]. 管理世界，2014（6）：19-38.
③ 彼得·德鲁克. 创新与企业家精神 [M]. 北京：机械工业出版社，2007：26.

第二节 浙商企业家精神：企业成长的驱动力与牵引力

一、浙商企业成长的基础与能力

(一) 企业成长基础的时代性变革

企业作为组成社会经济的基础单元和市场活动的主要参与者，从其诞生之日起，关于企业发展与成长的研究就一直是学者们共同关注的焦点。企业的成长推动了社会的进步和经济的繁荣，同样时代的变迁也对企业的发展产生了深刻的影响。张瑞敏曾说"没有成功的企业，只有时代的企业"，遍观那些成功的企业，无一不是准确把握住了时代的脉动，紧跟甚至超越了时代的步伐[1]。当今这个时代，方兴未艾的第三次工业革命、波澜壮阔的数字化技术、风生水起的移动互联网与电子商务，无疑从根本上影响着当今这个时代中企业的生存与发展。

资源基础理论认为，资源是构成企业竞争力和实现企业成长的根本基础。知识和科技无疑是资源基础中的核心要素。知

---

[1] 张瑞敏：诺基亚告诉我们无成功企业只有时代企业 [EB/OL]. 网易财经，2014-6-19.

识和科技从来就都是拉动时代前进的火车头，同样也是企业成长和发展的基础。蒸汽机的发明、电力的广泛应用以及各种新技术的突破，分别催生了三次工业革命，这种生产力的革新给生产领域和社会关系带来了根本性的变化，对企业成长和发展所造成的影响也是颠覆性的。当今世界，人类社会再次进入了新一轮的生产力更新的过程，互联网技术和可再生新能源技术高速发展。杰里米（2012）认为高效的可再生能源、高效利用可再生能源的新型建筑、基于氢的能量存储系统、基于互联网技术的智能能源网络和基于电能或氢能源的新型运输物流系统将成为新经济的五大支柱。这些技术变革无疑将会使人们对于企业成长和企业发展的认知发生根本性的转变。

除了这些基础性的生产力变革之外，数字化技术、移动互联网和电子商务也全面且深刻地影响着企业的发展与成长。特别是对于大型的成熟企业而言，埃森哲（2023）认为，未来10年数字化和移动互联网等相关技术将不再是IT等行业企业的专利，诸如特斯科、通用、迪斯尼等企业亦可以通过数字化技术获得新的竞争优势。企业可以通过智能延伸，模糊数字与物质的边界，在物联网基础上实现新的智能连接，使物质世界"在线化"，而大型企业可以利用自己丰厚的有形资产为用户提供一种沉浸式的体验，这将给企业带来独特的竞争优势。数字化技术同样有希望使"无界企业"这一概念真正得以实现，任何一位连接上互联网的用户都可能成为企业的劳动力，这无疑将颠覆企业传统的劳动力资源观念。而移动互联网如今已经渗透到如食品、餐饮、教育、医疗、金融、交通等社会生活的方方面面。随之改变的是企业的商业模式，企业商业模式从最初的线下实体经营模式到互联网兴起之后的线上模式，再到如今线上线下相结合的 B2B、C2C、B2C、C2B、B2G、O2O 等各种虚拟与现实、线上与线下相互融合的电子商务模式。这些知识、技术以及模式的变化使得企业不得不重新审视自己的资源基础和资源结构。

（二）企业成长能力的更新

随着企业资源基础和资源结构以及外部环境的发展与变化，学者们对企业的认识也由原先的机械式组织转为将其视作一个有机的整体。在此基础上，学者们开始关注企业成长所需具备的相关能力，在企业成长所需的众多能力中，学习能力、创新能力、机会识别能力和资源整合能力被认为是最为主要的几种能力。随着企业所面临的环境更加复杂，在更加激烈的市场竞争中，为了获得持续的竞争优势，使企业能够持续的发展与成长，这些能力也必须不断地提升和更新。

学习能力指的是企业组织作为学习主体获取、传播和分享以及转化知识的能力。从塞蒙（Simon，1953）提出组织学习的概念以来，学者们对企业学习能力的研究经历了从静态到动态、线性到系统的不断深入的过程。根据学习的内容和过程，阿吉里斯和舍恩（Argyris & Schon，1978）将组织学习分为了单回路学习、双回路学习和在学习三个阶段；本尼斯和纳努斯

(Bennis & Nanus，1985）将组织学习分为维持学习和创新学习两个阶段；尔斯（Lyles，1988）认为组织学习需要经历低阶学习到高阶学习的过程；彼得·圣吉（1990）在他的著作《第五项修炼——学习型组织的艺术与实践》中指出组织学习需要经过适应性学习到创造性学习的过程。这些学者从不同视角对组织学习阶段进行了划分，虽然在内涵和表达方式上存在些许差异，但是在本质上大致相同，他们都将组织学习视作一个渐进的过程。而随着市场竞争的加剧，塔什曼和奥莱利（Tushman & O'Reilly）认为，这种阶段式的学习不能满足企业发展与成长的需要，企业需要具备双元学习能力才能应对市场中的机遇与挑战。塔什曼将组织学习分为探索型学习和利用型学习，与以往的组织学习理论的本质区别在于，他们认为这两种学习是同时发生的，成功的企业往往同时进行着探索式学习和利用式学习，这使得企业能够更快地进行知识的吸纳、转化、应用以及反馈[①]。实现组织双元性学习的重点在于充分发挥组织内成员的主动性和积极性，这对企业家设计组织结构和构建情境提出了更高的要求。

企业的创新能力是企业创造价值获得竞争优势最为重要的因素。关于企业的创新能力，学者们从最初单纯强调产品和技术的创新，转为关注企业流程创新、组织结构创新、业务模式创新等全方位的创新能力。而随着企业基础环境的变化，与组

---

① 金明伟，周良遇. 组织公平感、核心自我评价对组织结构二元性的影响——一个被调节的中介模型 [J]. 中南财经政法大学学报，2017，1：148-156.

织学习能力一样，学者们认为在当今市场中，企业需要同时具有渐进式创新能力和突破式创新能力，才能在竞争中立于不败之地。

机会的识别能力指的是企业在市场中感知和捕捉机会的能力。外部环境的动态变化所造成的不确定性给企业既带来了风险和挑战，也为企业成长带来了机遇。现有研究中，学者们在强调企业准确识别和把握机会的同时，更加重视企业在面对机会时的主动性和及时性。苹果公司能够重新崛起的重要原因之一，乔布斯准确识别到了智能手机可能会给整个互联网生态系统所带来的颠覆性变革，并积极主动地在变革中识别到了创新的机会，通过快速的战略调整和产品研发及时地抢占了市场先机。

无论是资源基础理论还是组织能力理论，都强调了资源对于企业成长的重要作用。沃纳菲尔特（1984）认为，企业其实往往并不缺少资源，而是缺少对资源进行整合利用的能力。随着如今知识和技术的爆炸性增长，企业所面临的资源类型更加多种多样，资源结构更加复杂。对于企业资源整合能力的要求也从"单元性"整合提升为"系统性"整合；从"点"的整合提升为"链"的整合。资源的整合方式也由传统的集成模式发展为"平台"（platform）模式，苹果公司通过搭建App Store，以信息平台和第三方支付手段为技术，实现了客户资源、技术资源和资本的整合。国内的百度和阿里巴巴等平台型企业都通过这种新型的整合方式，完成了企业资源整合能力的升级。通过平台模式对物质资源进行整合的同时,也是一个对资源所有者或相关者进行深度挖掘的过程,而这一过程往往会创造新的商机。

企业成长从本质上来说,离不开对"人"和"物"的管理。企业成长能力的更新,反映了企业管理重心从"物"到"人"的转变,而这种转变无疑更加突出了企业家和企业家精神对于企业成长的影响和作用。从实现组织双元学习而进行的组织结构设计和组织情景构建,到对创新机会的识别和把握,以及资源整合方式调整所表现出的管理哲学的转变,这些推动企业成长行为都源于企业家的驱动和企业家精神的引导。

二、浙商企业家精神是企业成长的驱动力与牵引力

企业资源是企业成长的基础,企业能力是企业竞争力之所在,而企业家精神是驱动和引导这些资源构成企业竞争力的关键要素。彼得·德鲁克(1984)在其经典著作《创新与企业家精神》一书中认为,从20世纪70年代中期以来,美国的经济体系已经从"管理型"经济彻底转向了"企业家"经济。彼得·德鲁克断言(1984)"企业家"经济是美国独有的经济现象,在日本经济中有所显现,只不过是以日本特有的方式出现,而到1990年或1995年,欧洲也将产生类似的发展。如今看来,在经历了数次经济危机和生产力领域的变革之后,全球经济在经过三十多年的发展也进入了德鲁克所说的"企业家"

经济的发展模式。所谓的"企业家"经济指的是随着传统高增长产业的衰退，中、小规模的机构和中、小型企业成为提供就业岗位的主要来源以及推动一国（或地区）经济增长的主要动力，造成这种变化的主要原因并不是高科技的兴起，而是企业家和企业家精神。

企业家精神对企业的影响表现在对于企业成长的驱动。企业是企业家追求远大理想的产物，企业的成长需要企业家精神的驱动，作为企业的缔造者，企业家精神是企业成长的动力之源。并不是所有小企业都能成长为大企业，没有企业家精神的驱动，企业很难做大做强、做活做久，很难做到基业长青。莫里斯和库拉特科（Morris & Kuratko，2002）通过实证研究发现，企业家精神可以激发员工的积极性、能动性和创造性，促进员工树立坚强的信念和高尚的情操，形成行为的主动性、协同性和风险性；可以激发员工的潜力的发挥和价值的创造，促进员工更自觉地积累知识、技能和管理经验。而企业成长所必备的竞争优势往往源于人力资本中的创新行为和能动性的发挥（Shane，1995）。

社会学家桑巴特（2021）和经济学家熊彼特（1990）认为，在一个国家的经济增长中，企业家精神的作用很大，不是有了充足的货币和资本，就能产生资本主义活动，而是一旦具备了创造财富的企业家精神，他们就会创造货币和资本。与宏观经济增长相同，对于企业的成长而言，机会和资源只是企业成长的必要条件，而企业家精神是驱动企业识别、利用机会，获取和整合资源的根本动力。

企业家精神对于企业成长的牵引最为直观的表现在于企业战略的制定。纵观中外企业发展的历史，大体经历了机会导向、利益导向、产品导向、绩效导向、资本导向、客户导向和竞争导向等若干阶段。这些战略导向在企业发展的一定时期或某些领域，都发挥了重要的作用。然而，每种战略导向都具有明显的偏颇性。比如竞争导向，在竞争导向战略的引导下，企业往往过分关注竞争对手而忽略了为客户创造价值这一根本主题，这会使企业在与竞争对手的较量中丧失对客户需求和客户价值的注意力和想象力。在当今社会，技术创新和由技术创新引发的市场新需求层出不穷，产业边际越来越模糊，竞争不再局限于同行业，这无疑更加放大了竞争战略导向可能对企业成长产生的不利影响。而以客户为导向的企业战略同样存在不足，过分强调客户需求，会使得企业一味迎合客户，忽略了市场的发展和变化趋势。哈默和普拉哈拉德（1994）认为，企业的未来在于维系客户没有表达出来的模糊需求之上，特别是那些潜在客户的模糊需求，探求这些客户需求并满足他们才能赢得市场。因此，企业在实施以客户为导向的战略时，必须在满足客户现实需求的同时，以非凡的远见，发觉客户隐性需求，率先推出超越客户现有期望的产品。

企业家作为负责企业经营管理的最高决策者，在企业战略的制定以及不同类型战略之间的切换这一过程中扮演着控制者的角色，企业家根据对外部环境的观察、预见和判断，对企业内部实现调整、决策和创新，从而使得企业内部各元素朝着更加合理的组合方式演化。"贸工技"①的发展模式和"技工贸"②发展模式都反映出企业家对企业战略切换的掌控，而无论是"技工贸"战略还是"贸工技"战略，所表现出的都是企业家精神对于企业成长模式和企业成长方向的变革和引导。企业家多年的经营管理实践所积累的经验、判断、直觉和洞察力等对确定企业的战略方向极其重要。战略管理学派中的企业家学派认为，企业家对企业发展的核心作用在于企业家的远见。远见也是企业家精神的一部分，它既是一种灵感，又是一种对企业发展战略的感觉和指导思想。企业家精神决定了企业家远见的纵深，这种纵深决定了企业发展所能达到的极限。

企业家精神对企业成长的引导作用还表现在企业家对企业个性的塑造。特别是创业企业家，企业在发展过程中所表现出的个性特点，与企业家个人有着极大关联。企业个性往往表现在企业的决策风格，而战略层次的决策一般都是企业家基于直觉和经验等作出的。决策风格长期影响着企业行为，逐渐形成了企业个性。谨慎的企业家往往使企业发展风格趋于稳重，充满激情和想象力的企业家往往塑造出一种敢于承担风险、勇于创新的企业发展风格。

企业家精神在社会层面往往表现为企业的社会责任，对于企业责任的引导也是企业家精神牵引企业成长的一个方面。当

---

① 先做贸易挣钱，然后再做产品，最后做技术。
② 意思是，从技术开始，然后工业，最后贸易。

今社会普遍认可的企业社会责任理念是企业在创造利润对股东利益负责的同时，还要承担对员工、社会和环境的社会责任，包括遵守和遵从商业道德、安全生产、职业健康，保护劳动者合法权益、节约资源等原则，以获得在经济、社会、环境等多个领域的可持续发展能力。企业不仅要为社会创造更多的经济财富，为物质文明做贡献，而且要尽可能多地承担社会责任，为精神文明、生态文明建设作出贡献。企业家精神通过这种社会责任的牵引，将企业成长的价值置身于社会和利益相关者之中，通过采用符合社会道德和企业伦理的公平竞争行为，为企业的成长创造更为融洽的生存空间和生态环境。

第三节　机会视角下浙商企业家精神对企业成长的影响

埃克哈特（Eckhardt，1999）认为，机会的存在是企业家进行创新的前提。而莫里斯等（2008）认为，机会对于成熟的大型企业而言同样重要。企业成长是一个不断识别机会、评估机会和利用机会的过程，企业家精神对企业成长的影响正是通过这一过程形成的。本节将从机会视角，探讨浙商企业家精神对企业成长的影响。

本书对于机会（opportunity）的定义采用埃克哈特和谢恩（2003）的观点，他们将机会描述为"新产品、新服务、新的原材料以及新的市场,可以通过采用新的方式或设立新的目标形成而产生"。肖特等(Short et al., 2010)则将机会定义为"一种由企业提出的可以获利的想法"。海顿和凯利(Hayton & Kelley, 2006)认为,在企业成长过程中,企业需要具有识别机会的能力,追求机会的意愿,以及适当的开发策略。另外,识别和利用机会是企业成长的核心影响因素(Ireland et al., 2009),可能为成熟的企业提供新的竞争优势(Lumpkin & Lichtenstein, 2005)。在此基础上,本书认为,企业成长的过程是一个由企业家精神驱动的机会识别、机会评估、机会利用的过程(见图2-2)。

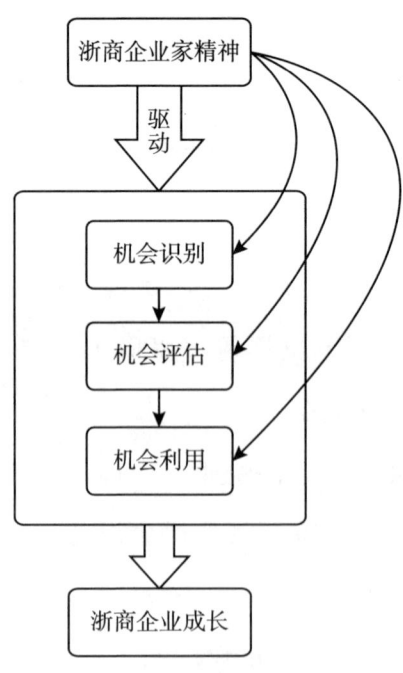

图2-2 机会视角下浙商企业家精神驱动的企业成长过程

一、企业家精神驱动机会识别

企业在激励的市场竞争中,需要从动荡的环境中,不断识别和发现机会,并加以转化利用,才能获得持续的竞争优势,从而实现企业的持续成长。在现实中,有极少数企业家天生对机会拥有敏锐的直觉,从特质理论上说,这可以算作企业家精神的一种,但这并不在本书的讨论范围之内,大部分的企业家与组织内的其他成员一样,对于机会的识别建立在其认知结构和对先验知识(priori knowledge)[①]的学习之上。企业家精神主要在认知结构[②]、先验知识和组织学习三个方面对机会识别产生影响。

机会的识别往往起始于个体层面,可以是企业家,或者是企业的中高层管理人员,也可以是企业的基层员工。个体成员的先验知识和认知结构是组织建立有限理性决策规则(March & Simon,1958)和决策过程(Nelson & Winter,1982)的依据,而决策规则和决策过程可以指导组织内的认知和行为。比如,成功或者失败的经验可以帮助组织建立一种主导逻辑,用以引导组织成员的行为(Prahalad & Bettis,1986)。这些认知结构和先验经验可以指导企业的探索性活动,基于知识结构的多样性

[①] 先验知识"priori knowledge"是先于经验的知识,在哲学上它使人联想到下述思想:人类头脑包含有若干内在的特征,它可为人类理性和悟性提供基础。

[②] 认知结构,指人们头脑里的知识结构,指人们已有的全部观念内容和组织。

和先验经验的有效性程度，它们可以在不同程度上促进企业更好地作出管理决策。

组织对于机会的识别主要取决于这些机会能否引起组织成员的注意，换而言之，这取决于组织中个体成员关于机会的认知（Eckhardt & Shane, 2003; Ireland et al., 2009; Mitchell et al., 2002; Shane & Venkataraman, 2000）。对于认知的概念，我们沿用米切尔等对其的定义，他们认为"认知是一种知识结构，人们基于这种知识结构来进行评估、判断和决策，包括对机会的评估"（Mitchell et al., 2002; Corbett & Hmieleski, 2007）。现有研究认为企业家已经形成的关于机会的认知或者说企业家精神，是组织识别机会的主要驱动力。巴伦和恩斯利（Baron & Ensley, 2006）认为推动组织进行机会识别的往往是那些能够发现和识别某些特殊机会的组织成员，因为他们拥有与这些特殊机会相关的认知结构，这些认知结构帮助他们构建新的思维模式以感知新的机会。具体而言，这些人利用新的思维模式来识别某些事件之间的联系，这些事件在此之前往往被他们认为是相互独立的[①]。比如，经验丰富的企业家与缺少经验的企业家相比，在认知结构上存在明显的差异（Baron & Ensley, 2006; Short et al., 2010），这种认知差异对识别和利用机会产生显著的影响。

[①] Baron R. A. & Ensley M. D. Opportunity recognitionas the detection of meaningful patterns: Evidence from comparisons of novice and experienced entrepreneurs. Management Science, 2006, 52 (9): 1331–1344.

企业家与组织员工对于机会的认知类型存在差异，浙商企业家成长于沿海，因受海洋开放文化影响，对机会认知属于超常自主型认知，即个体在没有任何外部压力的情况下，主动地、独立识别机会的行为。而组织员工的机会认知属于诱导型认知，即个体认知受到组织中其他因素或决策的影响。浙商企业家精神通过企业文化的构建和企业战略导向的制定以及组织情境的创造等方式，从企业家个体扩散到整个企业组织和浙商企业家群体，这些因素都对组织员工和企业家群体的创新认知产生了不同程度的影响。

先验知识（prior knowledge）是指那些先于经验的知识。肖恩（2000）认为，一个人对现有市场的认识，如何服务市场，以及对客户问题的了解都会影响到他对机会的识别（Corbett，2007；Gielnik et al.，2012）。优秀的企业家善于合作和分享，善于分享知识和经验是企业家精神的表现之一。在企业家精神的驱动下，浙商创业经商遍布海内外，据不完全统计，有650万名浙商在全国各地经商投资，海外浙商还有约200万名。众多在海内外创业的浙商企业家群体，他们共享合作机会，抱团经营，他们往往主动与组织成员分享创新经验和相关知识，同时通过商会和老乡会等团体组织也会鼓励组织成员之间相互交流和沟通[①]。当现有知识与新的信息的结合将会影响到机会的识别。此外，机会识别是一个持续的过程，这一过程

---

① 资料来源：中国新闻网——浙江新闻网站。

包括思维模式，收集和分析新的信息，并随着时间的推移建立新的知识。

企业家精神在组织层面对机会识别的影响主要通过学习机制得以实现。组织中基于个体认知结构和先验知识建立的行为规范和工作程序往往会限制组织学习。为了克服组织惰性，双环学习理论认为需要采取更加积极的态度进行组织学习，詹森等（Jansen et al., 1987）认为企业家精神是构建学习型组织的重要因素。组织和个体的学习是驱动机会发展的关键因素，从错误决策和试验中获得的经验为识别机会提供了基础（Bingham et al., 2007）。伦普金和希滕斯坦（Lumpkin & Lichtenstein, 2005）认为，组织学习可以通过行为和认知的学习来提高和强化机会识别过程。科比特（Corbett, 2007）发现组织学习存在不对称性，这种不对称性对机会识别产生了极大的影响，这就解释了为什么有的组织成员可以发现并识别机会，而有些人则不行。杜塔和克罗桑（Dutta & Crossan, 2005）进一步指出，组织学习的过程具有直觉性、解释性、整合性和系统性，组织学习的这些特性对于发现、开发和利用创新机会来说是必不可少的。

机会识别是企业成长过程中应对机会的起点，下一阶段是机会评估。一旦组织成员识别了机会，他们必须充分评估机会中潜在的优点，分析这些机会可能为企业创造怎样的价值或怎样影响组织绩效，而浙商企业家以行业协会和商会组织推动的这种合作分享、抱团经营的行为，大大增强了机会识别和评估能力，能有效降低浙商企业家的投资经营风险。

二、企业家精神影响机会评估

机会评估是企业成长过程中应对机会的第二个阶段，它是根据企业既定的战略目标来对机会进行评价和修正，并确认修正后的机会是否能够被组织有效地利用。在机会评估过程中，重点是推动机会的转化，使组织和个体可以从识别到的机会中获利。

当机会被识别后，企业会基于其固有的价值观和已经形成的战略目标，来评估这些机会。企业价值观是企业及其员工的一种价值取向，是企业在追求经营成功过程中所推崇的基本信念和奉行的目标。企业的价值观是企业家和其他决策者对企业性质、目标、经营方式的取向所作出的选择，是为员工所接受的共同观念。企业价值观可以看作企业家精神在企业层面的延伸，在其延伸的过程中，企业家精神的载体由企业家变为了企业组织。在优秀的企业中，不管外部环境如何瞬息万变，企业价值观不会轻易改变，它代表着企业存在的理由。企业价值观是组织成员在评估机会时的基本准则。企业已经形成的战略目标会为组织成员提供评估机会的规范和标准。战略目标是一种宏观目标，它是企业对自身发展的一种总体设想，其着眼点是整体而不是局部。它从宏观角度对企业的未来进行一种较为理想的设定。它所提出的，是企业整体发展的总任务和总要求，是企业整体发展的根本方向。在评估过程中，组织成员往往会发现，识别到的机会在未来可能会成为不确定因素，对企业造成不可预知的影响（Aharoni，1993）。如果这种对企业不可预知的影响是限定在某一范围之内，不是处于完全失控的状态，并且与组织既定战略在方向和范围上大体一致，那么它将被视为对企业有利的机会。

机会评估也可以通过一种非正式的机制来完成，这种非正式的评估机制通常发生在机会评估阶段的早期。组织成员在识别到机会后，受到组织结构和信息传递的限制，通常不能在第一时间将识别到的机会反馈到组织层面。在这一段时间内，个体员工会对识别到的机会展开评估。这种个体层面对机会的评估往往没有掺杂过多的组织意识，许多突破式创新或改变企业整体战略导向的构思往往源于这种对机会的非正式评估机制（Burgelman & Sayles，1986）。

在评估过程中，一些是符合企业战略目标或可以为企业创造潜在价值的机会，会被立刻付诸实施，而另一些则不然。当一个机会被认为是无法利用的、无法为企业创造价值的，或者是不符合企业战略目标的，一个具有创新精神的企业并不会立刻将其弃之不顾。企业成长的过程中，这种看似无用的机会，将触发企业的探索行为（March & Simon，1958）。马奇（March，1991）认为，企业的许多创新源于对一些看似无用的机会进行的相关探索活动，通过扩大探索范围，检查是否存在与已识别到机会相关联的新的机会。如果探索到新的机会，则新的机会将重新经历机会评估的全部过程，如此往复；若没有，则放弃这一被识别到的机会。机会评估过程确认了机会是否具有利用的价值，下一阶段是机会利用阶段。

三、企业家精神引导机会利用

一方面，组织的整体行为动机将会影响到某些组织行为是否发生。组织成员对于机会的认可和对于利用机会的动机对机会利用具有重大影响。通过评估，当一个机会被企业认为具有价值后，在利用机会之前，需要通过一些正式或非正式的形式，统一组织成员对于利用机会的态度。由于企业中并不是所有人都对经过评估的机会持有统一的态度，比如，企业中一些利益相关者将机会带给企业的变化视作一种威胁，他们认为机会给企业带来的不确定性和创新带来的风险，会使他们的既得利益受损，因此可能会不支持企业利用机会进行创新活动。格雷夫（1999）认为，需要通过一些非正式的形式，比如利用企业中高层管理者的影响力，来说服其他人，使他们认同这个机会是值得进一步开发和利用的。特沃斯基和卡尼曼（Tversky & Kahneman，1981）指出在企业家冒险精神的影响下，组织中关键成员对于利用机会的积极态度有助于激励组织成员的创新思维和创新探索。

另一方面，企业中存在大量部门和团队，有的以产品划分，有的以区域划分，在利用机会和实现创新的过程中需要这些部门中的员工共同协作和努力。这些个体员工中的大部分人不会直接参与机会的识别和评估等过程。企业需要优化这些个人的动机，使经过企业评估的机会在员工心中具有一定地位（Ciabuschi et al.，2011）。企业对机会的评估为企业员工理解机会的重要性提供了时间和必要的信息。但仍然需要非正式的机制来强化他们的个人动机，使他们意识到利用这个机会对他们个人或企业来说都是有利的。

企业家精神对于机会利用的影响主要通过两种方式，一种是基于企业家精神制定的企业战略和其他组织规范，这是一种"自上而下"（Bhardway & Momaya，2011；Day，1994）的正式影响机制；另一种更加重要的影响方式是"自下而上"的非正式影响机制（Burgelman，1986）。通过企业家精神在企业内的传递，会在组织中形成一种创新思维和创新文化，在此基础上形成的支持创新的氛围会直接影响机会的利用（Markham et al.，2010；Walter et al.，2011），这种支持氛围能提高员工利用机会的行为能力和行为动力。在企业内部环境中，支持氛围在社交维度和企业制度上帮助引导员工利用机会进行创新活动，它为组织成员进行创新工作建立了必要的动机，这就像为创新打开了一扇大门，加快了机会的探索和创新活动的实施。这种支持氛围对员工的影响效果取决于支持的程度和是什么人在积极地支持创新（Hornsby et al.，2009）。比如，高级管理人员往往比低级别员工在财务和人力资源方面拥有更高的权限，能够为创新活动提供更有力的支持。另外，与高级管理人员相比，企业的基层员工往往可以完成机会利用或者说是创新活动的前期工作，这些工作可能与企业现行战略存在本质的差异。原因在于普通员工不需要像高层管理人员那样总是为战略目标和长远发展着想。

需要指出的是，趋利避害是人之本性，支持利用新的机会进行创新活动的风险在于当创新失败时，往往会受到各方面的指责和诟病，这种风险可能会阻碍一些人支持利用新机会和进行创新活动（Weisenfeld et al.，2008）。因此，机会利用很大程度上依赖于企业中具有风险承担精神的人在合适的时间为追求机会提供支持。

在利用机会的过程中，企业员工的行为能力同样扮演着重要角色。行为能力受到多种因素的影响，包括企业战略、内部环境、企业资源以及个人的知识储备和专业技能。组织惰性理论认为的组织中现有的战略导向往往引导组织关注已知的东西，而不是去尝试新的东西（Ahuja & Lampert，2001），即使在战略更新之后，组织中的既定程序和规范会强化组织成员的现有行为（Gersick & Hackman，1990）。因此，充分发挥企业家精神推动企业主动进行战略调整显得尤为重要，通过战略调整和更新来发展企业能力，以提高企业在合适的时间获得利用机会、进行创新活动的能力（Lee，2008）。并且有研究指出，企业从事一种经常性的活动，会在实践中通过微妙的变化增强企业的相关的能力（Miner，1994；Nelson & Winter，1982），进而通过能力的增强促进企业的成长。

除企业战略外，企业中对利用机会、进行创新活动的支持氛围也对行为能力有着重要影响。通过游说相关人员以获取利用机会和创新活动过程中的相关支持,可以提高创新活动中关键成员的行为主动性(Dutton et al.,2001)。同样地,企业内部环境也会影响企业员工的行动能力。企业凝聚力会限制企业中的某些能力(Brinckmann & Hoegl,2011),企业中的组织架构有时可能无法及时提供实施新战略所需的资源和其他方面的支持(Chandler,1962)。可以看出,企业家精神渗透于企业的各个层面和各个环节,通过正式和非正式的机制对机会利用产生着引导作用。

企业家精神是企业家在长期从事创业实践和经营管理活动中,积累形成的一种特有的意志品质。而企业成长中对于机会的识别、评估和开发的过程对于企业家精神也会产生影响,企业家可以从这一过程中获取新的知识和经验,以形成或更新其现有的认知结构。马奥尼(Mahoney,1995)和肖恩(1983)指出企业家通过总结企业管理实践过程和结果中的不足,或是学习其中的成功经验,可以强化或调整企业家的认知。

第四节 资源视角下浙商企业家精神对企业成长的影响

一、资源整合与企业成长

资源整合是一个复杂的动态过程,组织通过对不同类型、不同维度、不同结构的资源进行识别、选择、剥离、重组和有机融合等过程，对原有的资源体系进行重构，形成具有较强柔性的、系统性的资源体系，而浙商企业家在资源整合这方面的能力特别强。

学者们从外部网络的视角，对资源整合方式进行了研究。福丝和克莱因（Foss & Klein，2007）认为，资源整合的基本方式是建立契约关系，契约关系的建立，能够节约交易费用，从而提高企业的绩效，在企业的契约关系中，发起分工协作的企业家拥有管理的权威。科斯基于其所提出的"交易成本"理论，指出作为市场交易主体的企业，为满足扩张和增长的内在要求，需要不断地进行内部资源的整合和外部资源的扩张，企业资源整合的重点在于以并购为主要方式进行外部资源整合。

关于资源整合过程，摩根（Morgan，2000）从资源的获取、整合、定位和保护与维持构建了资源管理的过程模型。芬尼等（Finney et al.，2005）也将资源管理分为四个部分，资源的获取、整合、市场定位和维持或者保护资源。瑟蒙和希特（Sirmon & Hitt，2003）从家族企业的角度，与非家族企业进行资源的比较，得出了如果家族企业的资源不能够为其创造竞争优势，则需要对资源进行管理，通过整合和利用家族企业的资源来形成企业的价值。但是他们仅仅从家族企业的角度进行研究，对大多数的企业具备的参考价值不是很大。瑟蒙等（2007）考虑到外部环境的动态变化，从权变理论和组织学习理论的角度研究了在动态环境下如何进行资源的管理，并且提出了资源管理过程的模型,也就是依据企业内部环境即企业战略的变化和外部环境的动态变化,对资源进行结构化的组合,通过整合资源构建企业能力来创造企业的竞争优势。饶扬德(2007)研究了资源整合的过程和新资源与传统资源对提升企业能力的作用。

本书将企业成长过程中的资源整合分为资源识别、资源获取、资源配置和资源利用四个阶段(见图2-3)。

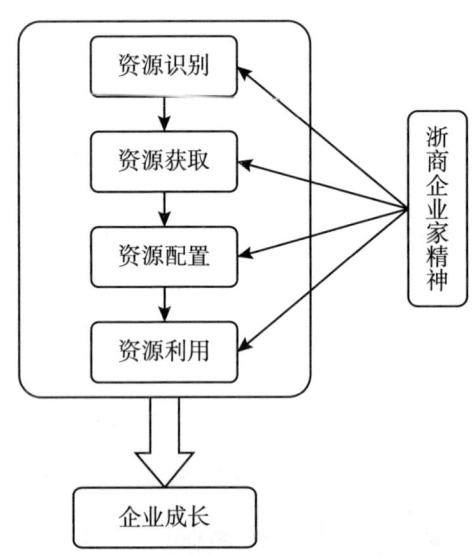

图2-3 资源视角下浙商企业家精神影响的资源整合过程

(一)资源识别阶段

企业成长过程中,企业对于资源整合始于对企业资源的重新识别。是否能够围绕企业的需求,识别新的资源或对企业现有资源产生新的认识,对于企业成长来说十分重要。根据资源

第二章 新时代浙商企业家精神影响企业成长的理论分析

的不同作用，资源识别可以分为宏观层面和微观层面两个不同的部分。宏观层面是指站在企业战略的高度，对涉及企业长远发展的，影响企业全局的资源进行识别，对这类资源的识别要更为重要和谨慎，需要企业家或企业高层管理者对企业所处产业和市场进行分析和定位，对自身的内部资源和资源的整合能力作出判断，从而选择更加有利于企业长远发展的资源。微观层面则是从企业日常运营管理的角度，对涉及企业生产、销售或者管理的资源进行识别。

资源识别活动源于企业对于机会的识别、评估和利用。慧伦和洪格尔（Wheelen & Hunger）在研究创业活动时指出，创业活动源于对市场机会的识别，然后通过评估创业者的能力和所拥有的资源，以判断这种机会是否可行。我们认为，企业成长过程中，企业在发现市场机会后，通过识别现有的与机会相关的企业能力和资源来对机会进行评估。当进入机会利用阶段时，企业围绕开发和利用机会所制定的战略决策，在企业内部和外部探索新的资源，或是基于市场机会对企业现有的资源禀赋进行重新识别，将企业现有资源运用到新的领域。

有价值的、稀缺的、不可模仿的和不可替代的企业资源是构建企业能力，促进企业成长的基础。企业成长中的资源整合过程，使企业内部和外部的资源不断地进行更新与匹配，形成新的资源，由此形成的企业能力将会源源不断地为企业带来竞争优势。资源识别过程是资源整合过程的起点，关系到资源整合的成败和企业能力的形成。彼得拉夫（Peteraf，1993）从资源观的角度研究了企业竞争优势的基石,并认为企业只有识别外部的资源,通过整合利用并加以开发,便会形成一种无形的能力,不断地应对外部环境的变化。企业只有识别了所需的关键资源,才能构建企业发展所需的资源基础,企业才能构建所需的能力,才能得到成长。

(二) 资源获取阶段

资源获取是资源的整合的过程的第二个阶段。企业资源确定了一个企业在某一时期所能创造的潜在价值的上限(Makadok,2003)。在对不同层次的资源进行识别后,企业需要利用自身的能力,通过一定的途径,直接或间接地控制或拥有实现企业成长所需的相关资源。

对于企业外部资源的获取,巴尼(Barney,1986)将其定义为从战略要素市场采购资源。比如,商品资源(设备)、无形资源(智力资本)以及通过兼并和收购等手段获得的有形和无形的复杂资源组合(Denrell et al.,2003),这些都是可以在战略要素市场中通过各种手段获得的资源。获得这些资源所付出的成本,在一定程度上决定了这些资源能够对企业创造价值的能力产生多大的影响,特别是能够给企业所有者带来多少财富。巴尼(1986)认为,不能奢望资源获取能够在给企业带来竞争优势的同时为企业所有者创造财富,因为战略要素市场是有效率的市场。因此,为获取资源所付出的成本价格反映了这些资源可能为企业带来竞争优势的预期贡献。

但是，在企业成长过程中，企业可以在获取外部资源的同时使企业获得竞争优势。丹雷尔等（Denrell et al.，2003）认为，采用全新的方式利用新的资源或者是旧有资源时，战略要素市场中就会出现信息不对称的情况。当以新的方式利用新旧资源时，战略要素市场无法准确地确定资源的价格。由于这些不确定因素，企业可能意外地以低于这些战略要素真正市场价值的价格，获取这些战略要素。

企业成长过程中企业获取资源的另一种方式是通过企业内部资源的积累。资源积累指的是资源内部的发展[①]。资源积累对于企业发展来说是十分必要的，因为战略要素市场不能提供企业发展所需要的一切资源，特别是在外部环境不稳定时。内部资源的积累和发展增强了资源的隔离机制，有助于提升企业资源的异质性，降低了被模仿的可能性，增强了企业基于资源所建立的竞争优势的可持续性。在外部环境不稳定的情况下，如果没有适当的资源，企业可能无法应对意想不到的机会或竞争者的挑战。比如，如果一个企业缺少经验丰富的管理人员，当市场上出现新产品或新服务的需求时，企业可能无法作出应对。这种无力反应可能让竞争对手赢得先机。培养员工的专业知识和专业技能，可以在企业需要时，为企业提供一批可以承担管理任务的员工。资源的内部发展在外部环境不太稳定时显得格外重要，因为此时从企业外部获取发展所需要的资源往往

---

① [美]巴顿. 知识与创新 [M]. 孟庆国，侯世昌，译. 北京：新华出版社，2000.

变得更加困难。

资源获取过程是资源整合过程的关键，获取有价值的资源是企业能力形成与拓展的关键要素。斯特拉特曼和罗斯（Stratman & Roth，2002）从资源的角度研究了企业成长能力的构建，认为企业必须获取稀缺的资源，由此形成的企业能力是竞争对手无法模仿的，也是企业维持竞争优势的关键。如果企业不能获取所需的资源要素，企业便失去了成长的动力，企业发展便会逐渐地滞后于市场的要求，企业的竞争优势也会逐渐丧失。

(三) 资源配置阶段

在对资源进行识别和获取后，为了使外部资源内部化，必须要进行资源的配置，使外部资源能够与企业内部资源相融合和相互的补充，以发挥资源的基础作用。资源配置是资源整合过程的中心环节，要想资源发挥价值创造的作用，就必须正确地进行资源的配置。瑟蒙和希特（2001）认为，资源配置的核心是资源剥离。

资源剥离是资源配置的重要环节，因为企业所拥有的资源总是有限的，为了使企业能够轻松、灵活地获取和积累资源进而提升企业价值，就必须对现有资源进行积极的评估，剥离低价值资源（Sirmon & Hitt，2003；Uhlenbruck, Meyer & Hitt，2003）。因此，那些无法帮助企业发展和维持竞争优势的资源，以及那些无法进行组合和带来杠杆收益的资源，都可能是将会被剥离的资源。裁员、剥离非核心业务、出售特定资产、业务拆分以及功能性外包都属于战略资源剥离。

在进行战略资源剥离时，选择合适的资源也是一种挑战。比如，有时企业通过降低成本来应对竞争或是经济条件的变化，使它们需要剥离有价值的资源，这将损害企业有效利用资源的能力。又或者是当市场经济进入衰退期时，企业往往会进行大量的裁员。然而，这种裁员减少了企业的智力资本，损害了企业获取市场先机的能力，当市场经济环境反弹时，之前的裁员行为降低了企业从新的市场机遇中获取竞争优势的可能性（Nixon，Hitt，Lee & Jeong，2004）。选择合适的企业资源进行剥离，不仅有利于创造企业价值，而且在一定程度上可以使企业在不牺牲现有竞争优势和未来潜在竞争优势的情况下，降低企业有形资产和无形资产的成本。

企业成长过程中的战略资源剥离除了上述这些形式之外，还包括从现有生产经营环节中抽调资源以支持企业的探索、创新等风险活动。在企业成长过程中，企业所处的外部环境往往极不稳定，企业很难对资源的价值和潜能作出准确的评估。这些资源嵌入在企业生产经营活动的各个环节，如果选择不当则可能对企业现行业务造成不利的影响。所以，企业成长过程中想要有效地进行资源剥离，必须充分了解资源的现有能力和未来可能为企业创造价值的潜力。

在资源配置过程中还需要将资源的价值和潜能加以整合，转化为企业的特有的组织资源。企业成长过程中，最初获取的资源往往是零散的、离散的、不系统的，这些资源是实现企业成长的必要基础，资源配置的最终目标，是将这些离散的资源转化为系统的组织资源。

资源整合过程也是一个资源不断积累的过程，当经历资源识别、资源获取和资源配置过程后，在企业内部都会积淀一部分的组织资源，而这些组织资源又会进入下一个资源整合过程，并对每个环节产生影响。组织资源将作为下一环节的初始资源影响资源识别过程，还将作为企业成长过程的资源杠杆用于获取其他资源。进而，组织资源还将作为资源配置的基础资源，用于整合新的资源。

资源配置是资源整合的最后一个环节，获取的资源是否有价值，关键在于如何搭配使用，如何增值并为企业带来价值。资源配置是资源整合过程的最终环节，也是影响企业成长的关键一步，它直接关系到企业能力的构建。企业成长过程通过这样一种资源配置过程，为企业构建了新的能力，同时也提升了企业现有能力，使企业获得了持续的竞争优势，促进了企业的成长（Fahy et al.，2006）。

二、企业家精神对资源整合的影响

企业家精神有助于企业更好地识别和获取资源。企业家精神推动组织对新的市场和新的领域进行积极探索，一方面，有助于提升组织资源的识别能力，通过对新市场、新业务的探索和开发，加强对自身固有资源的识别能力，将之前认为没有使用价值的资源结合新的市场需求进行开发利用。另一方面，进入新的市场和新的业务领域将会使组织的外部社会网络发生变化，通过连接、嵌入新的外部社会网络，使组织获得接触和利用存在于这些网络之中的相关资源，或者是收集与之相关的信息为企业间接整合这些外部资源提供决策依据，提升组织获取资源的能力。

企业家精神为资源整合提供组织情景支持。一方面，资源整合并不是对组织资源进行按部就班的组合和拼凑，而是一个具有创造性、创新性的整合过程，这就使资源整合与技术创新等其他创新活动一样，存在一个"试错"的过程，组织需要为其提供一种较为宽松、包容的组织氛围，来保护资源整合中的创新积极性。另一方面，资源整合的过程也是一个资源剥离和部门间利益重新分配的过程，如将某些部门中的现有资源剥离或减少相应的资源投入，将其投入新成立的部门或者新的业务领域，这种资源分配的变化必定会引起组织成员间的矛盾，因此组织需要营造一种分享、协作的组织氛围来缓解这种可能出现的矛盾。企业家精神所包含和提倡对不确定性的包容以及合作、分享的精神，有助于组织形成良好的组织氛围，为资源整合的顺利进行提供情景支持。

企业家精神为资源整合提供新的组织结构基础。为了适应环境的变化，不断搜寻发展机遇，企业家精神推动组织不断进行结构变革，通过组织结构调整来适应内部业务需求和外部市场环境，这种组织结构的调整为资源整合提供了结构基础。在组织结构的变革过程中，组织结构模式会根据内外部环境的变化以及新的业务需求进行不断调整，成立新的业务团队，或者是裁撤、重组旧有的业务部门，这种变革本身就是一种资源整合的过程，它对附着于组织结构中人力资源、财务资源等生产要素进行重新配置。基于企业家精神构建的组织结构更加适合企业进行各种创新活动，而资源整合的过程就是对资源组合、资源使用以及资源配置的一种创新性探索，因此企业家精神为资源整合提供了一个良好的组织结构基础。

企业家精神为组织资源的创新性整合提供战略引导。在高度动态的市场环境中，基于企业家精神制定的具有创新性、探索性的战略导向，使组织能够获得持续性的竞争优势。它对组织资源整合的影响表现在这种战略导向同时也是一种资源整合导向，它要求组织资源整合具有创新性和开拓性。企业家精神鼓励组织在各个方面进行创新和冒险行为，为配合企业的技术创新、产品和服务创新、开拓新的市场以及对新的业务模式的探索等创新活动，组织需要对现有资源进行重新组合，打破旧有的资源利用模式，提高资源配资置效率，突破现有资源的束缚。

第三章

企业成长：公司创业的中介作用和环境动态性的调节作用

第一节 公司创业的中介作用分析

一、关于公司创业的不同见解

自从米勒（1983）提出了公司创业（corporate entrepreneurship）这一概念以来，创业研究领域的学者开始关注大型成熟企业的创业活动，由此先后产生了多个用以描述这种企业行为的概念，如公司创业（corporate entrepreneurship）（也译作公司企业家精神）、创业导向（entrepreneurial orientation）、内部创业（internal entrepreneurship）、内部企业家精神（intrepreneurship）、公司风险活动（corporate venturing），等等。由于中西方语言文化的差异,以及公司创业研究领域本就存在的争论,在进行公司创业相关研究之前,有必要对这一概念进行辨析,避免出现概念的混淆和误用。

公司创业、公司企业家精神以及创业导向等这些概念都是旨在描述组织层面的创业活动,将其与个体层面的创业行为进行区分。而这些概念在表述上的差异和内涵的不同则反映出公司创业研究领域中的一个争论,即公司创业是一系列实际的行为过程还是一种战略导向。从行为视角考察组织层面创业活动的学者,通过将企业的一系列创业行为分解和归纳为不同的类型和维度,以此来界定公司创业的概念;而从战略导向视角考察组织层面创业活动的学者,关注的则是这些企业行为背后所蕴含的企业价值观和战略倾向。具体定义及分类如表3-1所示。

表3-1　　　　　　　　公司创业的相关概念

企业行为视角		战略导向视角	
古斯和金斯伯格(1990)	新业务拓展和战略更新活动	科文和斯莱文(1989)	总体竞争导向,包括创新,风险承担,超前行动
沙玛和克里斯曼(1999)	创建新组织和组织内部创新的过程	科文和斯莱文(1991)	基本战略态势,是企业家精神在整个企业的渗透
扎赫拉(1995,1996)	企业创新、组织更新和风险投资活动	扎赫拉和皮尔斯(1994)	一种战略选择,改变经营理念,提升竞争地位

第三章　企业成长：公司创业的中介作用和环境动态性的调节作用

续表

企业行为视角		战略导向视角	
海顿（2006）	创新、建立子公司、引进新业务模式	蒋春燕和赵曙明（2006）	开发全新产品的战略导向和改进现有产品的战略导向
扎赫拉（2009）	创新活动、风险活动、组织更新活动	劳等（2001）	一种创业态势，包括创新和超前行动

资料来源：本书研究整理而得。

  从以上的归纳可以看出，公司创业与创业导向之间的差异。对于企业而言，创业导向源自企业家个人的企业家精神或企业高层管理团队的经营理念，这种导向的形成过程其实本质就是企业家精神在企业内部的传递和扩散，由企业家个人扩散到整个企业组织，由企业高层传递到企业的各个部门以及员工。创业导向的形成需要通过企业一系列的创业实践活动来实现，在涉及个体、团队（部门）和组织各个层面的公司创业实践活动中，以正式或非正式的形式确立这种战略导向。也有学者认为，公司创业活动受到创业导向的引导，企业只有先确立了创业导向，才能有效地开展创业活动。关于组织层面的创业活动是先确立创业导向还是先进行公司创业实践，并不是本书的主题，本书认为，公司创业与创业导向是组织层面创业活动的两个方面，相互影响，互为因果，共同存在。相较于创业导向所描述的企业战略导向，本书更加关注公司创业中所包含的一系列实际行为对企业家精神和企业成长的影响。因此，本书采用古斯和金斯伯格等的观点，将公司创业看作一种具体的企业实践行为，是企业进入新的市场、新的领域，识别和利用机会以及重新配置、整合资源的一系列活动。

二、公司创业的中介作用

（一）企业家精神与公司创业：企业家精神的传递和扩散

企业家精神与公司创业的内在逻辑联系实质上是企业家精神在企业组织内部的传递与扩散。根据本书对企业家精神概念的界定[①]，企业家个体是企业家精神在企业组织内部传递和扩散的发起点，根据一般企业的组织结构安排和信息传递路径，企业家精神在企业高层管理团队中的传递和扩散是企业家精神影响公司创业的第一个环节。

高层管理团队对于企业的发展起着至关重要的作用。科技的发展使人类社会逐渐从工业时代进入信息时代，随着社会的变迁，企业管理范式也经历着深刻的变革，这种变革不仅是"枝节性"和"程度性"的变化，而是属于典范转变的层面，要求企业实现从工业社会的"牛顿型管理"向信息社会的"量子型管理"转变[②]。由于企业所处的竞争环境日益复杂，环境中的不确定性因素不断增加，随着企业规模的扩大，企业所需要处理的信息呈几何级数增长。通过组建高层管理团队，

[①] 关于企业家精神内涵的详细内容见本书第二章第一节。
[②] 许士军. 创新为何总是推不动？[J]. 科技信息，2004，3：32.

采用集体决策的方式能够有效地降低企业决策失误的风险。

企业家在与高层管理团队进行集体决策的过程中，涉及信息共享、风险共担，企业家和高层管理团队成员个人的创新思维和冒险行为经过集体讨论和集体决策转化成为集体行为。在这一过程中，源于企业家个体的企业家精神逐渐扩散和传递到高层管理团队之中（见图3-1）。

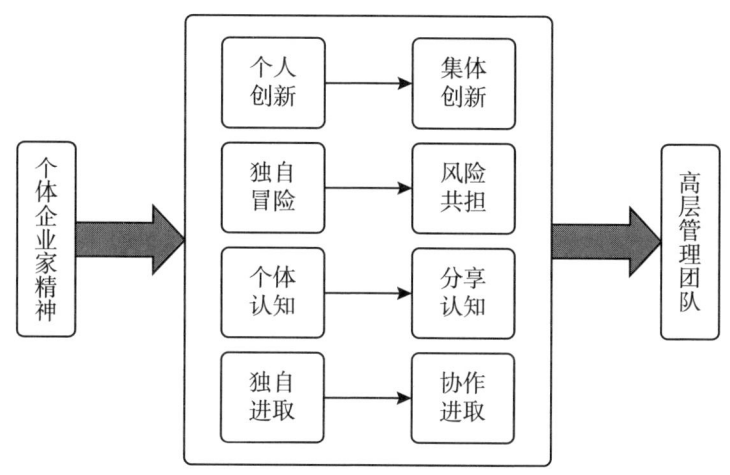

图3-1　个体企业家精神向高层管理团队的传递和扩散

企业家精神在传递和扩散到企业高层管理团队之中后，将会沿着组织架构继续向企业的各个部门传递，扩散到企业部门负责人以及企业的基础员工之中，这也是企业家精神在企业组织内传递和扩散的第二个环节。在这一环节中，企业家精神的传递主要通过两种方式来实现。

一种是企业战略的制定和实施。由企业家和企业高层管理团队主导的企业战略蕴含着创新、冒险等企业家精神和企业家对于风险的偏好。企业战略的规划和实施,是企业家精神在企业内部的一种正式表现形式,也是实现企业家精神在企业组织内部传递和扩散的正式机制。企业家和企业高层管理团队通过企业战略这种正式的形式,将企业的核心价值观传递给企业中的每一个成员,并通过战略的实施来规范和引导企业成员的行为,使企业家精神注入企业生产经营活动的各个环节之中。

另一种是企业文化的构建和组织情境的营造。企业文化的构建和组织情境的营造是企业家精神在企业内部的一种非正式传递机制。企业文化包含了企业家的经营理念、经营方针、价值观、社会责任等内容,是企业家精神的拓展和延伸。通过企业文化的建设,将企业家精神融汇于企业文化之中,企业家精神将以一种潜移默化的方式影响和改变企业员工的行为。企业为了鼓励和支持员工创新,往往会营造一种宽松的、具有弹性的组织情境,在这组织情境中,企业员工受到创新文化的影响,会产生自发的创新、创业冲动,员工的这种创业冲动或创新行为会受到部门或团队的支持。企业文化和组织情境通过非正式的形式,将企业家精神传递到企业组织之中,并潜移默化地影响着企业成员的行为。企业家精神经过在企业组织内的层层传递和扩散,将会驱动企业积极地开展技术创新、业务拓展、建立子公司、战略更新等一系列的公司创业活动。

（二）公司创业对企业成长的影响

在企业家精神驱动下的公司创业活动对于企业成长的影响主要表现在企业规模、企业绩效和企业综合实力三个方面。创造更多的就业机会，是公司创业与个人创业的共同点之一。典型意义上的公司创业活动包括企业进入新的市场、新的业务领域，在与主营业务相关的领域创立子公司或独立的业务单元。这些企业活动无疑会使企业员工数量增加，组织结构拓展、延伸和复杂化。公司创业活动对企业绩效的正向影响作用，在不同的研究情境中均得到了学者们的验证（Zahra & Covin，2001；Wiklunct，2003；Runyan & Droge，2008；Antoncic & Hisrich，2001）。

在企业规模扩大和企业绩效提升这些"显性"的成长背后，是公司创业活动引起的企业综合实力的增强。企业综合实力的提升相较于企业规模和企业绩效这类易于观察和衡量的指标而言更为隐蔽，不易被察觉，但又确实存在，能够为企业赢得竞争优势、创造价值。企业综合实力的提升不是一蹴而就，是一个渐进、积累的动态过程，当达到一定程度，则会为企业带来质的变化。具体表现在企业学习能力、资本运作能力、资源整合能力以及创新能力几个方面。

在如今这个充满竞争的时代中，企业的最大竞争优势就是拥有比竞争对手更强的学习能力。无论曾经多么辉煌，一旦停止学习，知识就会老化，能力就会退化。20世纪60年代，被《财富》杂志列为世界500强的企业到了20世纪80年代，有

1/3 走向了衰落，到了 21 世纪初，所剩更是寥寥无几。这一方面反映了新科技革命和新经济对传统产业带来的巨大冲击，另一方面反映了企业在这种激烈的竞争和快速变化的市场中不进则退的必然趋势。企业家精神驱动下的公司创业活动能够使企业通过自我超越、心智模式和团体学习等方式，不断提升企业的学习能力。拓展新的业务领域和引进新的商业模式等企业行为，不断推动着企业家、高层管理人员以及雇员主动、及时地进行学习，提升了组织学习的主动性。这种在具体创业实践中的学习不仅能提升组织学习的总量，还能提高组织成员提出问题、分析问题和解决问题的能力，加快学习的速度、吸纳扩充知识和推陈出新的能力，通过创造性的学习，把知识资源转化为知识资本，提升组织学习的有效性。公司创业活动涉及企业的各个层面和各个环节，在这种系统的组织活动过程中，能够增强组织、团队和个人的互动，加快组织内部信息和知识的自由流动，使之高度共享，进而产生组织的"创造性张力"，提升组织学习的团队行为。公司创业活动通过提升组织学习的主动性、有效性和团队性，使企业朝着彼得·圣吉所描述的最成功的企业——学习型组织的方向发展。通过提升企业的学习能力，增强企业检测、纠正错误和创新的能力（Argyris，1996）。

　　资本运作能力是现代企业发展壮大、实现超常规、非线性的跨越式发展必不可少的能力。随着互联网技术的广泛应用，企业既要经营产品，也要擅长资本运作，在重视实体经营的同时，更要关注虚拟经营对实体经营的互动和影响。公司创业在业务扩张、商业模式创新以及成立相关子公司的战略活动中，对企业资本运作能力提出了更高的要求。公司创业的实现路径与企业发展的路径在实质上是相同的，都是通过企业内部路径和外部路径两种方式实现。内部路径是通过企业自身的积累，将企业生产经营获利进行再投资，或者通过发行股票、债券、向银行贷款等方式筹措资金来扩大企业经营规模；外部路径是通过外部的收购、兼并的方式，为企业发展带来重大转机和跨越，在短时间内适应市场的需求，迅速完成经营扩展、实现规模效应。这两种路径都需要企业拥有高水平的资本运作能力，利用资本市场通过资本运作，实现企业的扩张和发展。在公司创业战略的引导下，企业可以通过抽调内部现有的高素质人才组建资本运作部门，招募资本运作团队，兼并或收购高水平的专业资本运作公司，通过实践不断总结和积累资本运作的经验提升企业的资本运作能力。

企业发展常常面临资源约束和资源瓶颈，如今的市场竞争已经从"单元级"上升到"系统级"，从"点"到"链"，从单个企业之间的竞争上升到价值链、供应链、产业链乃至企业集群和平台的竞争。公司创业实践通过对组织结构的重构、组织战略的更新，不仅可以实现组织内部跨部门、跨层次的资源优化和重组，还能使企业随着组织规模的扩张、业务的延伸，调整外部网络中的嵌入性，更新外部网络结构，重构企业获取资源的基础。如今，企业在公司创业过程中逐渐形成的"平台"（platform）资源整合模式，通过构建多主体共享的商业生态系统并且产生网络效应，实现多主体共赢，这无疑超越了传统的"整合""集成"的资源整合模式，大大提升了企业的资源整合能力。我们熟知的国内互联网公司百度、阿里巴巴、腾讯以及小米、乐视等企业，都通过构建平台式的资源整合模式，实现了企业的不断成长。

公司创业在提升企业综合实力的过程中，对企业成长更深层次的影响是促进了企业知识的积累和转化，无论是企业学习能力、资本运作能力还是资源整合能力的提升都离不开企业内知识的积累、转化和应用。公司创业是一个持续性的过程，这一过程涉及企业组织中个体、团队、部门等各个层面。在公司创业的相关实践活动中企业成员不断分享、调整和验证他们的观点和想法（Narayanan et al., 2009；Zahra et al., 1999），在这一实践过程中，企业员工的知识得到升华，同时可能创造出企业成长所需的新的知识，这些知识的多样性和新颖性将会构成企业创新的基础。公司创业活动中新知识的产生往往源于以下几种情况：第一，参与公司创业相关活动的组织成员之间分享知识和交换意见；第二，对现有知识的整理和融合；第三，分析企业成功的管理实践活动；第四，对失败的实践活动进行反思和总结；第五，主动将相关知识运用到新的创新实践活动中。这些新的知识为企业战略调整和业务拓展提供了新的认知基础。

知识作为企业成长最基础性的元素，并不能对企业成长起到直接作用，需要经过一个复杂的转化和整合过程（Zahra

et al., 2007),将知识渗透到可以被组织成员所接受的概念之中。对于知识的转化其目的在于使组织成员理解知识所包含的内容、意义以及这些知识的潜在用途。范德文和扎赫拉（Van de Ven & Zahra, 2015）认为，知识的转化过程不是一种机械式的过程，而是具有创造性。在仅有的关于知识转化的研究中，扎赫拉指出企业只有在进行具有多样性同时又具有"聚焦性"（hubs）的实践活动中，才能完成这种知识的转换。而公司创业正好为企业实现这种知识的转换提供了契机。公司创业具有典型的多样性，它是企业进行创业、创新相关活动的统称，包括企业战略更新、业务拓展、技术创新、风险投资、成立新的子公司等一系列实践活动，同时涉及企业内部和外部不同维度，以及企业个体、团队、部门等各个层面。公司创业始终"聚焦"于创新，这种创新可以是战略层面也可以是技术层面或组织层面，可以是与企业现有业务的相关创新也可以是非相关创新。在公司创业过程中，企业围绕创新活动，基于现有的知识来探索新知识之间的关联性，将看似无关的知识联系起来。这一过程与科学知识的发现与利用相似，基础知识或源知识（raw knowledge）往往通过科学研究被发现（如基础科学研究），需要根据各个领域的需求进行重新定义，才能在实践中得以应用。

企业一般的经营管理活动中，不同部门、不同层次的组织成员通过各种方式进行着知识的创造和转化，不过这种创造和转化过于零散，广泛地分布于企业的各个层面和管理经营活动的各个阶段（Zahra，2015）。这种知识的创造和转化通常是以常规的、非正式的形式存在于企业之中，缺乏系统性，无法为企业创造价值（Zahra & Nielsen，2002；Zahra & Nasimbam，2011）。扎赫拉（2015）指出，许多成功的企业已经认识到将知识系统化整合的重要性并通过正式或非正式的公司创业活动，将企业内部和外部以及不同层面、不同来源的知识进行转化，以实现他们的战略价值。公司创业过程对于知识的创造和转化有助于成熟企业克服组织惰性和核心刚性，企业可以在新的知识基础上去感知机会、评估市场环境、理解竞争对手的商业策略。

基于本节对于企业家精神影响公司创业的讨论，以及公司创业对企业成长影响，结合第二章关于企业家精神影响企业成长的相关分析，本书认为，公司创业在企业家精神影响企业成长的过程中起着中介作用。

第二节　环境动态性对企业成长的调节作用

一、环境动态性

企业总是置身于一定的外部环境之中，环境中不确定性因素带来的机遇和挑战是每个企业都必须面对的问题。环境动态性指的是来自企业外部环境中的不确定性因素（Baum & Wally, 2003）。希特（1988）认为，造成这种不确定性的原因是环境中缺少足够的信息，使人们识别或理解事物之间的因果联系。环境动态性反映了企业外部环境变化的速度和频率，包括产业结构和产业边界的动态变化、市场需求的不稳定性以及外部环境中突发性事件可能带来的冲击（Sirmon, 2007）。这些外部要素都对企业的发展、企业成长路径的选择以及企业的管理实践产生着巨大影响。

产业结构影响着企业间的竞争行为和竞争程度。某一产业的进入和退出壁垒很大程度上决定着产业内的竞争程度和企业间的竞争行为，产业内的竞争激烈程度和企业竞争行为滋生了环境中的不确定性因素。这些不确定因素受到行业惯例和行业准则的调节，因为行业惯例和行业准则为企业的竞争行为和决策起着指导和限制作用（Spender, 1989）。但是，随着企业间竞争的加剧，行业边界会变得愈加模糊，导致行业准则和行业惯例变得不明确。旺和霍斯金森（Wan & Hoskisson, 2003）指出，在不同的文化背景和政治制度中，行业准则和行业惯例对由企业竞争行为和竞争程度带来的不确定性的调节作用有着显著的差异。在激烈的全球化竞争环境中，行业准则和行业惯例往往会被产业中关键领域的技术创新所打破（Bettis & Hitt, 1995; Kim & Mauborgne, 1997）。这时，行业准则和行业惯例对企业的影响也会变得十分微弱。另外，技术创新会使得产业边界变得模糊，增加了企业识别竞争对手的难度。产业机构中的进入和退出壁垒、行业惯例和行业准则、技术创新等都会增加环境中的不确定性因素。

市场需求可以塑造一个行业的竞争动态。当市场需求增长时，行业内企业间的竞争程度会降低，因为需求的增长为所有企业都提供了商机。然而，随着市场的成熟和需求的稳定，竞争往往会加剧。另外，宏观经济环境带来的市场需求的大幅度波动，也会增加竞争的激烈程度，增加环境中的不确定性。阿德纳（Adner, 2002）发现，市场需求影响着新技术的开发和应用。当市场需求增长或市场中已经存在大量的需求时，企业更愿意开发和利用新技术，这样企业将会拥有更多的获利机会。这些产品服务或技术创新将会反过来影响消费者的消费意愿和消费预期，从而影响竞争对手的行为。市场需求的稳定或减少会增加企业间的竞争行为和竞争的激烈程度，而市场需求的增加会刺激技术创新，因此，无论市场需求怎么变化都会通过不同形式增强环境中的不确定性因素。

塔什曼和安德森（Tushman & Anderson, 1986）认为，环境冲击是指一些突发性事件，它们可能会使某一产业发生突变。某一产业之外，其他企业的竞争行为往往可能是引起这种冲击的原因之一。比如，产业外部企业的创新行为，可能为市场提供比现有的主导产业更有价值的替代产品或服务，这也正是熊彼特所说的"创造性破坏"的一种表现。当这种企业采用这种"破坏性技术（disruptive technology）"时，产业内原有的相关规则和惯例将被打破，甚至是消失。当无线网络技术出现在电子通信行业时,克里斯滕林(Christensen,1997)就将其称为"破坏性技术",并认为这将大大增加环境中的不确定性。比如,建立与无线网络技术相兼容的产品所需要的知识基础,明显不同于那些传统的有线网络技术。因此,企业需要寻求新的资源、获取新的知识来应对由"破坏性技术"带来的机遇和威胁(Ireland et al.,2003)。在这种新的环境中,面对未知的机遇和挑战,企业可能需要寻求新的发展动力、探索新的发展路径、获取新的资源、构建新的能力。

卡斯特罗吉奥瓦尼(Castrogiovanni,1991)认为,环境动态性还包括企业经营所需关键资源的宽裕程度,环境宽裕度(environmental munificence)[①]也是影响企业发展的重要权变因素。比如,宽裕度较低的动态环境和宽裕度较高的动态环境存在显著的差异,企业会根据环境宽裕度选择不同的发展路径和经营策略。特别是在宽裕度较低的环境中,企业家精神对于企业的发展和成长显得更为重要。企业家精神作为企业的特殊资源,可以引导企业通过创新发展的路径,克服资源限制、突破资源瓶颈,实现企业的持续成长。

二、环境动态性的调节作用

权变理论认为企业组织是社会系统中的一个子系统,企业

---

① Castrogiovanni. Where to acquire knowledge: Adapting knowledge management to financial institutions [J]. Journal of Business Research, 2016 (5): 1812-1816.

的发展受到外部环境的影响和制约。在不同的外部环境中，同样的驱动要素和发展路径将会对企业成长产生差异性影响。企业家精神对企业成长的驱动作用和对公司创业的影响，以及公司创业对企业成长的影响都随着环境的动态变化而发生着权变。

当企业所处的外部环境较为稳定时，企业可以通过逐步的积累，以一种较为常规的路径，按部就班地实现企业的成长。同时，由于企业中领导者与普通员工的权利差距较大，在缺少竞争和威胁的环境中，企业员工更容易安于现状，企业家精神在企业组织中的传递较为困难，企业家与企业成员之间不易形成共同愿景，不利于发挥企业家精神的驱动作用。当产业结构发生变动，行业壁垒降低，甚至行业间的界限变得模糊时，行业内部以及行业间的竞争变得越发激烈。一方面，外部环境中存在的大量不确定性因素，强化了企业家的创新和冒险冲动，激发和增强了企业家精神；另一方面，为了应对环境中的不确定因素，企业更愿意选择创新发展路径，通过拓展新的业务、进入新的领域、进行技术创新等活动来对冲风险。特别是在关键领域的技术创新，不仅可以使企业获得、维持竞争优势，往往还会打破现有的行业惯例、改变现有的行业准则，增加环境中的不确定性因素，使同行业竞争对手以及相关产业的企业面临更大的市场风险。环境动态性对企业的影响不光发生在企业家和企业高管层面，同样影响着企业的普通员工。市场需求的变动、产品和服务的频繁更新以及相关技术的更新换代，会使

第三章 企业成长：公司创业的中介作用和环境动态性的调节作用

企业员工发现那些在以往行之有效的工作方式和行为模式无法有效地满足组织任务的需要，威胁到他们的切身利益。此时，企业员工更愿意接纳企业家精神所提倡的创新和冒险的工作态度，使企业内部各个阶层形成共同愿景。沙米尔和豪斯等（Shamir & House et al., 1993）认为，共同愿景的形成可以促使员工在完成既定任务的同时，为了获得更好的业绩，主动尝试新的方式和方法来完成工作任务，有利于提升企业的创新能力。由此可以看出，环境动态性影响着企业家精神本身及企业家精神在企业内部的传递。随着产业结构的变化、市场需求的波动和技术创新带来的冲击，造成企业外部环境中的不确定性因素增加，会激发和强化企业家精神，引导企业走上创新型发展路径，有利于企业家精神通过企业文化和组织情境在企业中的传播和渗透，增强企业员工对于企业家精神的认同，提高企业家精神对公司创业活动的正向影响。

学者们关于公司创业和企业成长的实证研究结果存在显著的差异，扎赫拉和科文（Zahra & Covin, 2001）的研究中证实了公司创业与企业成长绩效之间存在正相关关系。维克伦特（Wiklunct, 2003）对瑞典的企业进行调研，得出公司创业对企业成长有积极影响的结论。鲁尼恩和德罗奇（Runyan & Droge, 2008）以267位企业家为研究对象，发现公司创业是增加企业竞争优势与财务绩效的重要因素。安东努奇和海斯里奇（Antoncic & Hisrich, 2001）利用美国和斯洛文尼亚两国的企业为样本进行的实证研究发现，公司创业确实与企业成长之间存在关联，但是在斯洛文尼亚企业样本中两者呈正相关，在美国企业的样本中两者呈负相关。莫里斯和塞克斯顿（Morris & Sexton，1996）发现在墨西哥企业中，公司创业强度与企业成长之间存在显著的正相关关系，但是在以美国企业为样本进行实证研究时无法验证该结论。其他研究表明，公司创业有助于企业的长远发展，而不利于企业短期绩效的提升（Zahra & Covin，1995）。研究者们指出，造成实证研究结果不一致的原因在于选择衡量企业成长的标准不同和企业所处的外部环境不同。

环境动态性是衡量企业外部环境的一个重要指标，它对公司创业与企业成长的调节作用主要表现在企业资源和外部机会两个方面。一方面，创业领域的研究者认为，环境中存在的机会为企业的创业和创新活动提供了可能性（Heavey、Simsek & Kelly，2009）。在较为稳定的环境中，主动识别和开发机会的企业，需要付出创新所需的必要成本，而墨守成规的企业即使不进行创新也可以实现稳定的发展，因此从短期绩效来看，公司创业活动在环境动态性较低时，对企业成长的促进作用并不明显，有时甚至产生负面作用（Zhara & Covin，1995）。另一方面，在较为稳定的环境中，企业可以获取较为充分的决策所需信息，面对外部环境中存在的机会，企业有充足的时间进行识别和评估。因此，无法有效观察到进行公司创业活动的企业在企业成长方面与其他企业之间的差异。而当环境动态性提升时，一方面，产业结构、市场需求以及产品和技术高速变化及更新，环境中的不确定性因素增加，所有企业都面临着新产品、新技术、新市场的威胁和挑战，都拥有创新和创业的需求，因此创新的相对成本会降低；另一方面，此时随着环境中不确定性因素的增加，企业无法充分获取与机会相关的信息，使企业的创新决策更加依赖在以往创新实践中所积累的宝贵经验。

环境动态性的增加往往意味着企业所处环境中资源宽裕度的降低，企业发展会受到更大的资源约束。企业通过拓展新业务、进入新的领域、建立独立的业务单元或者是实行兼并或收购战略，可以有效地调整企业的外部社会网络，通过新的方式和新的渠道获取新的资源，突破由于资源宽裕度降低带来的资源瓶颈。另外，随着环境中不确定性因素的增加，企业无法准确评估已有资源能够为其创造的价值，随着市场需求的更新，以常规方式进行的资源配置和资源利用方式可能会造成资源的贬值。通过公司创业活动对企业战略的更新和组织结构的变革，可以针对环境的变化，实现现有资源的重新整合，规避资源贬值的风险，为企业绩效的提升、能力的增强提供资源基础。而在资源宽裕度较高的环境中，企业受到资源的约束较少，缺少拓展资源获取渠道和重新整合资源的需求和动力。

第四章

理论模型和研究假设

第一节 理论模型的构建与维度划分

一、理论模型

公司创业作为企业应对市场竞争和外部环境变化所进行的技术创新、战略调整、二次创业一系列持续性的实践活动，它需要企业价值观的引导和企业家精神的支撑。企业家精神是构成企业价值观和企业精神的主导要素，企业家精神所蕴含的创新精神、冒险精神及对风险的偏好，正是驱动公司创业的重要因素。同时，在公司创业的过程中，企业家精神也通过企业战略的制定和实施、企业文化的建设、企业组织情境的构建等正式和非正式的形式，由企业家个体传递和扩散到了企业组织之中，渗透到了企业的各个层面。基于前文对企业家精神、公司创业和企业成长之间关系的理论分析，本节首先将构建一个企业家精神通过公司创业影响企业成长的中介模型（见图4-1），通过实证分析，验证公司创业在企业家精神影响企业成长中的中介效应。

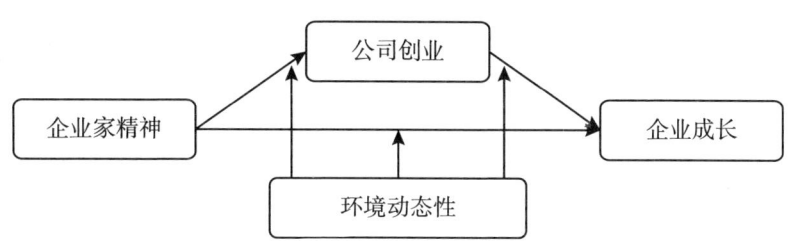

图4-1 企业家精神影响企业成长的中介模型

现有研究一致认为，关于企业成长机制的实证研究必须充分考虑企业所处的现实环境。根据本书对环境动态性的理论分析，在中介模型的基础上，本书通过构建一个被调节的中介模型，考察环境动态性对企业家精神与公司创业之间关系的调节作用，环境动态性对企业家精神与企业成长之间关系的调节作用以及环境动态性对公司创业与企业成长之间关机的调节作用。分析环境动态性对公司创业在企业家精神与企业成长之间中介作用的调节效应。

二、维度划分与测量

（一）企业家精神

关于企业家精神的研究中，维度的划分和度量方式一直是研究的难点和学者们争论的焦点。通过对文献的梳理发现，这种分歧主要产生在两个方面：一是通过什么载体来测量企业家精神；二是企业家精神是单一维度还是多维度的构念。

早期对企业家精神的测量往往关注的是企业家与普通管理者之间的性格差异，学者们从人格特征的角度，以心理量表为工具，以企业家个体为样本，测量他们的自信、目标导向、冒险倾向、创造力（Timmons，1971），以及承受挫折的能力（Sexton & Bowman，1984）。虽然企业家是企业家精神的人格载体，但是企业家精神最终是通过与企业相关的一系列商业活动所表现出来，这种以个体企业家内在特质为焦点的测量方式虽然注意到了企业家精神的个性，但是管理学领域对企业家精神的研究更关心企业家精神所具有的共性对企业发展的影响。因此，科文和斯莱文（1991）以及德斯和伦普金（1996）等建议企业家精神的测量应当以企业为主体，因为企业作为企业家人格的延伸，企业的战略决策和企业内部的价值观都是企业家精神最为直观的表现。本书采纳科文和斯莱文等的观点，在测量企业家精神的过程中，将企业作为测量的主要对象。

关于企业家精神测量的另一个问题在于是用单一维度来测量企业家精神还是用多维度指标来进行测量。在实证研究中，有学者使用企业的自我雇佣比例[①]、企业所有权比率[②]、企业的

[①] 自我雇佣是指，最初通过建立自己的企业获得资本收益的行为等，也指在职者作出经营决策并对企业的福利负责，其薪酬依赖于企业利润。

[②] 企业所有权比率指的是企业所有者人数占所有劳动力人数的比率。

进入和退出比率、小企业所占市场份额、市场参与创业人数等指标来衡量企业家精神[①]。这种将企业家精神看作单一维度构念的测量方法，通常以企业的财务数据为依据，虽然操作较为简单，能够从一定程度上反映企业家精神的部分特征，但是测量指标过于单一，无法全面地反映企业家精神的内涵，不能满足学者们深入研究企业家精神影响企业成长的需要。

米勒（1983）以企业家和企业员工为样本，通过问卷调查的方式考察了企业家在经营管理活动中所表现出的创新倾向、冒险倾向、风险承受能力，以及企业员工在日常工作中通过企业战略决策以及企业内部环境所感知到的企业家精神。他将企业家精神视作一个多维度的构念，通过考察企业家对新市场、新方法、新技术的倾向性等内容来衡量企业家的创新精神；通过考察企业家对潜在机会的态度以及对风险和收益的态度等内容来衡量企业家的冒险倾向和风险承担精神。这种测量企业家精神的方式得到了学者们的普遍认可，并在后续的研究中被不断地完善和拓展。学者们对企业家精神的测量进一步深入，在关注企业家创新精神和风险承担精神的同时，还对企业家的主动性、合作精神、竞争精神、学习精神等内容进行了测量（Covin & Slevin, 1991; Dess & Lumpkin, 1996; Lumpkin & Erdogan, 2000; Culhane, 2003; Lindsay, 2003; Wiklund & Shepherd, 2003; Santos, 2004; 王重鸣，夏霖和，杨泽江；2006）。

[①] 刘亮. 企业家精神与区域经济增长 [D]. 上海：复旦大学，2008：4.

这些研究拓展了对企业家精神维度的划分和测量，但是实证研究发现，在实际测量过程中一些维度之间的区分度不大，部分维度之间存在重合的情况（袁帅，2010）。因此，结合本书对企业家精神的界定[①]，选择现有实证研究中区分度较为显著的三个维度：创新精神、风险承担精神和分享合作精神作为主要研究内容。

企业家精神维度：

（1）创新精神。

（2）风险承担精神。

（3）分享合作精神。

（二）公司创业

关于公司创业的测量，也经历了从单一维度到多维度的发展过程。最初伯格曼（Burgelman，1983）将其定义为单一的维度，他认为公司创业就是企业内部的风险投资活动，并通过对企业风险投资相关的财务数据的考察，来衡量公司创业。

随着对公司创业研究的深入，学者们普遍认为公司创业一系列复杂的企业战略行为，需要从多个方面对其进行测量。沙尔马（Schendel，1990）认为公司创业至少包括在现有业务基础上拓展新的业务领域，以及为了企业转型而进行创新过程，他通过考察企业开拓市场的相关活动以及技术创新和流程创新

[①] 详细内容见本书第二章第一节。

等活动的评估,对公司创业进行了测量。古斯和金斯伯格(Guth & Ginsberg,1990)从企业内部流程创新、组织结构更新以及企业战略更新三个方面对公司创业进行测量。扎赫拉(1993)和沙尔马(1999)从技术创新、企业风险投资以及战略更新三个方面对公司创业进行了测量。扎赫拉(2000)在已有研究的基础上,进一步从国内风险投资和国外风险投资两个方面对公司创业进行了测量。索恩伯里(2001)认为对于公司创业的测量不仅应关注公司内部的风险投资、结构变革、战略更新,还需要考察公司创业对企业所在行业所带来的影响。

这些研究都将公司创业视作一个多维度的构念,对公司创业的测量也各有侧重,现有的实证研究表明,不同学者提出的公司创业维度在实际的测量过程中存在重叠的情况,利用问卷调查获得的数据在进行因子分析时区分度不明显。但这些研究一致认为,公司创业至少存在业务拓展、技术创新和战略更新这三个维度。因此,在现有研究的基础上,本书从业务拓展、技术创新和战略更新这三个维度来考察和测量公司创业。

公司创业维度:

(1)业务拓展。

(2)技术创新。

(3)战略更新。

(三)企业成长

企业成长包括企业规模的扩大、企业绩效的提升以及企业综合实力的增强。在实证研究中，可以通过单一维度和多维度两种方法对企业成长进行测量。多维度的测量方法虽然能够较为全面地反映企业成长状况，但是由于各维度的测量指标较为复杂，统计口径难以统一，部分关键数据难以获取，在现有研究中采用多维度方法对企业成长进行测量的结果并不理想。因此，本书决定采用单一维度对企业成长进行测量。

现有研究中关于企业成长的测量指标主要有主观指标和客观指标两类。客观指标主要采用企业的财务数据，这类指标可以较为客观地反映企业成长的真实情况，但是数据获取较为困难。而许多学者通过比较研究指出，主观测量结果与客观测量结果之间存在较高的相关度（Chandler & Hanks，1994；Li，2001；Wall et al.，2004）。因此本书采用主观测量指标对企业成长进行测量。

第二节 研究假设

一、企业家精神影响企业成长的研究假设

创新精神是企业家精神的核心，现有研究一致认为企业家的创新精神有助于企业的成长。哈尔·皮克尔（Hal B. Pickle，1968）在调查研究的基础上，从定量的角度分析了企业家创新

精神与小企业成功之间的关系，证实了企业家能力和企业家创新精神对小企业所产生的决定性作用，企业家的创新精神与小企业成功之间存在着较明显的正相关关系。丘吉尔和刘易斯将企业生命周期理论与成长决定因素理论结合起来，对企业生命周期各阶段起着不同程度的作用的因素进行了总结，他们指出企业家创新精神是企业成长阶段重要的影响因素。吉尔在其《影响小企业生存与发展的因素》一书中认为，影响小企业成长的主要因素有企业家能力和企业家创新精神。斯托里（D. J. Storey，1994）通过实证研究发现，企业家的创新动机、创新经验会影响企业的成长。

本书以创新精神作为企业家精神的维度之一，提出以下假设：

假设1：企业家的创新精神与企业成长正相关，创新精神对企业有积极影响，促进企业成长。

阿尔迪什维利和卡多佐（A. Ardichvili & R. N. Cardozo，2000）利用元分析的方法对企业成长的相关文献进行了分析，发现企业家敢于承担风险的精神对企业成长存在重要影响。陈劲等（2003）通过将中国企业和外国企业进行比较研究发现，企业家精神的风险承担精神是影响我国企业成长的关键因素。张玉利（2003）认为企业家的风险承担精神是企业成长的主导要素。他认为，企业的高成长性源于企业对于新市场的开拓，在开拓市场的过程中企业家需要承担巨大的风险和责任。奈特在其著作《风险、不确定性和利润》中指出，企业存在和扩张的目的是解决不确定性问题，在解决不确定性问题的过程中，对实际情况作出判断的人需要承担风险和比普通人更多的责任。企业家的创新精神、冒险精神往往与勇于承担风险的精神相联系。这种承担风险精神往往能使企业在确定环境中占得先机，为企业赢得竞争优势，促进企业的成长。

本书以企业家风险承担精神作为企业家精神的维度之一，提出以下假设：

假设2：企业家的风险承担精神与企业成长呈正相关，企业家的风险承担精神能够促进企业成长。

组织层面的企业家精神研究在关注企业创新精神和冒险精神外，还研究了企业家的积极进取和分享认知的精神。企业家在管理企业或团队时，需要创建一种团队文化，使整个组织具有积极向上、充满活力的团队精神，从而促使组织快速和持久成长。德鲁克在《管理的实践》中将企业的成长比作有机体的生长，企业在成长过程中需要分享和学习。企业家在工作过程中同样需要不断分享自己的知识和经验，同时吸收新知识，学习新经验，这样企业家与企业整体的认知水平和能力得到改善，以此提升企业利用资源的能力，不断促进企业成长。

本书以企业家分享合作精神作为企业家精神的维度之一，提出以下假设：

假设3：企业家的分享合作精神与企业成长呈正相关，企业家的分享合作精神能够促进企业成长。

二、公司创业的中介作用假设

企业个性的塑造往往被打上企业家个性的烙印。企业发展呈现出的异质性，与企业家个人有极大的关系，因为企业就是由企业家本人设计的，企业家的预见性引领着企业的未来走向，企业家的决策能力关乎企业的寿夭。因此，在企业发展中，深层次的异质性根源源于企业家。

企业异质性对企业的影响主要表现在企业决策和企业行为两个方面。战略管理理论认为，战略层次的决策一般都由企业家凭直觉、经验和预见能力等作出的。在这一过程中，企业家个人的特质对决策的判断起着巨大的作用，这样的决策风格长期作用于企业，将对企业性格的形成起到主导作用。如企业家谨慎的个性特征将使企业发展风格趋向稳重，而充满激情和想象力的企业家将可能塑造出一种喜欢承担风险、勇于创新以赢取巨大收益的企业发展风格。这是企业家的性格影响企业行为风格的表现。企业行为受到企业价值观的影响，企业价值观的形成源于企业文化和企业氛围，建立企业文化和构建企业内部氛围是企业家精神从个体扩散到组织层面的主要机制和手段。因此，企业家精神影响着企业的战略决策和企业行为，公司创业是企业战略决策和战略行为的统一。

公司创业活动源于企业家精神的驱动。彼得斯和沃特曼（Peters & Waterman）认为企业家的创新精神会推动企业积极拓展新的业务，开展技术创新活动，而企业家的风险承担精神和分享合作精神可以提高公司创业的强度和水平。在关于公司创业的前因研究中，柯兹纳（Kirzner，1972）认为企业识别机会的能力受到企业家精神的影响，公司创业活动中新业务的拓展和创新行为的实质就是对机会的识别、评估以及利用的过程。弗兰克和斯托夫（Frank & Stough，2002）特别指出企业家的创新精神是驱动公司创业的关键要素（Ray & Cardozo，1996；Gaglio & Taub，1992；Hisrich，1990），企业家的合作精神有助于提高企业的创新水平（陈忠卫，2008）。企业战略的更新为企业创业创新活动提供了战略引导和相关的配套保障，企业战略决策是企业家精神在组织内部传递的最为直接和正式的方式。企业家的风险偏好、创新精神有助于企业形成具有创新性、先动性、竞争性、主动性的战略风格（Kearney，Hisrich & Roche，2010）。企业家精神有助于企业根据环境的变化和企业发展的需求，提升企业进行战略变革的主动性和有效性。企业战略的变革和更新往往面临着巨大的风险，企业家的风险承担精神和分享合作精神，有助于企业通过集体决策的形式，制定和实施具有创新性的企业战略。

公司层面的创业日益受到关注是因为它在提升公司竞争力方面发挥重要作用。目前许多学者都认为公司创业对企业成长具有积极的影响，认为积极开展公司创业活动的企业一般都具备以下几个特点：提供新产品或服务的次数更多；能够先于其他企业占领市场；面对风险的处理速度更快、处理能力更高。

所以说，公司创业活动能使企业更快、更多地占领市场，提高盈利能力，为企业带来竞争优势（Kuemmerle，2002）和新品牌优势（Wiklund，2003）。积极开展创新活动不仅能为技术、流程、产品带来变革，也是企业成长的重要助推器。

扎赫拉和科文（2001）的研究中证实了公司创业与企业成长绩效之间存在正相关关系。威克伦特（Wiklunct，2003）对瑞典的企业进行调研，得出公司创业对企业成长有积极影响的结论。鲁尼恩和德罗奇（Runyan & Droge，2008）以267位企业家为研究对象，发现公司创业是增加企业竞争优势与财务绩效的重要因素。莫里斯和塞克斯顿（1996）发现在墨西哥企业中，公司创业强度与企业成长之间存在显著的正相关关系。其他研究表明，公司创业有助于企业的长远发展（Zahra & Covin，1995）。

基于本书第三章中对公司创业中介作用的理论分析，结合假设1到假设3，本书提出以下假设：

假设4：新业务拓展对企业家创新精神与企业成长的关系起中介作用。

假设5：技术创新对企业家创新精神与企业成长的关系起中介作用。

假设6：战略更新对企业家创新精神与企业成长的关系起中介作用。

假设7：新业务拓展对企业家风险承担精神与企业成长的关系起中介作用。

假设8：技术创新对企业家风险承担精神与企业成长的关系起中介作用。

假设9：战略更新对企业家风险承担精神与企业成长的关系起中介作用。

假设10：新业务拓展对企业家分享合作精神与企业成长的关系起中介作用。

假设11：技术创新对企业家分享合作精神与企业成长的关系起中介作用。

假设12：战略更新对企业家分享合作精神与企业成长的关系起中介作用。

三、环境动态性的调节作用假设

卡尼和梅恩哈特（Kearney & Meynhardt，2016）在研究公司创业的前因变量、组成要素和结果时指出，企业家精神和环境要素是公司创业的前因变量，同时环境动态性对这些前因变量与公司创业之间的关系起着正向调节作用。公司创业战略或促进企业绩效的提升，但是这种因果关系也随着环境动态性的波动而发生权变。扎赫拉（1991）首先在研究企业家精神对创业活动的影响时指出，环境中的敌意（hostility）、动态性和异质性是影响企业家精神与创业活动之间因果关系的重要因素，随后他将这种创业活动延伸到组织层面，并验证了环境动态性对企业家精神与公司创业的调节效应。库拉特科、霍恩斯比和戈尔兹比（Kuratko, Hornsby & Goldsby, 2004）在研究企业家精神对公司创业个体层面的影响时，分析了环境要素的调节作用，其中验证了环境要素中的环境动态性的正向调节作用。

关于环境动态性对公司创业与企业成长之间的调节作用在许多关于公司创业的研究中得到了验证。布拉德古德等（Bloodgood et al., 2015）基于系统动力学理论，从机会视角构建了一个公司创业影响企业成长绩效的过程模型，并将环境动态性作为外部变量加入模型之中，分析了环境动态对公司创业中机会识别、机会评估和机会利用的影响，他们在命题中指出，环境动态性是影响公司创业与企业成长绩效之间关系的重要因素之一。比尔沃斯、施文纽维斯和伊西多尔（Bierwerth, Schwens & Isidor, 2015）在利用元分析方法研究公司创业与企业绩效和企业能力时，考察了企业规模、企业所属行业以及和环境动态性的调节效应，结果表明，环境动态性对公司创业与企业能力和企业绩效之间的关系起正向调节作用。钟杨、理查德和李华等（Zhong Yang, Richard & Li Hua et al., 2007）以中国企业为样本，分析公司创业与企业绩效之间的关系时，验证了环境动态性对两者之间关系的调节作用。张骁（2013）在利用元分析方法研究公司创业对企业绩效影响关系的边界条件时指出，企业所处行业的动态变化在公司创业对企业绩效的影响中起着调节作用。

本书认为，企业的成长包括企业绩效的提升，企业规模的扩大和企业能力的增强，因此在现有研究的基础上，结合本书关于企业家精神、公司创业和企业成长的相关理论分析，本书提出以下假设：

假设13：环境动态性对"新业务拓展在企业家创新精神与企业成长的关系中的中介作用"存在调节效应。

假设14：环境动态性对"技术创新在企业家创新精神与企业成长的关系中的中介作用"存在调节效应。

假设15：环境动态性对"战略更新在企业家创新精神与企业成长的关系中的中介作用"存在调节效应。

假设16：环境动态性对"新业务拓展在企业家风险承担精神与企业成长的关系中的中介作用"存在调节效应。

假设17：环境动态性对"技术创新在企业家风险承担精神与企业成长的关系中的中介作用"存在调节效应。

假设18：环境动态性对"战略更新在企业家风险承担精神与企业成长的关系中的中介作用"存在调节效应。

假设19：环境动态性对"新业务拓展在企业家分享合作精神与企业成长的关系中的中介作用"存在调节效应。

假设20：环境动态性对"技术创新在企业家分享合作精神与企业成长的关系中的中介作用"存在调节效应。

假设21：环境动态性对"战略更新在企业家分享合作精神与企业成长的关系中的中介作用"存在调节效应。

第五章

企业家精神影响企业成长的实证分析

第一节 研究设计

一、问卷设计

本书采用问卷调查的方式,对企业家精神、公司创业和企业成长以及环境动态性四个构念进行测度。测量量表大部分来自国外学者相关研究,由于本书对部分构念的维度进行了重新划分,因此不能直接套用国外学者编制的成熟量表。为了保证研究中问卷的测量信度和效度,本书遵循已有研究中相关学者的建议(Dunn, Seaker & Waller, 1994;马庆国,2002),在梳理现有文献研究的基础上,通过与战略管理研究相关领域专家、企业家、企业管理人员以及资深猎头的讨论，制定本书的初试问卷，通过第一轮问卷发放，进行小样本调查。首先进行小样本测试，检验初试问卷的信度和效度，并根据检验结果对问卷做相应调整，然后编制本书的正式调查问卷，最后进行问卷的正式发放和收集。

调查问卷包括两个部分：第一部分是企业基本信息；第二部分包括对企业家精神、公司创业、企业成长和环境动态性四个构念的测量题项。问卷采用李克特5点量表，选项从1～5分别表示从"完全不同意"向"完全同意"依次渐进，3表示中立，既不同意也不反对。

为了避免受访者在填写问卷时出现无法提供准确信息、不愿意根据真实情况作答或不能准确理解题项含义等问题，在问卷发放过程中，尽量选择企业中入职时间较长的员工进行作答，并在问卷介绍部分，注明本次问卷调查不会涉及和泄漏商业秘密以及个人隐私，承诺所收集数据仅供学术研究使用。

二、变量测量

（一）因变量：企业成长

企业成长是被解释变量。目前有关企业成长的国内外研究文献十分丰富，本书在辛库拉、贝克和诺德维尔等（Sinkula, Baker & Noordewier et al., 1999）开发的企业成长量表基础上，结合中国情境和理论研究需要,对量表进行相应修改,采用主观评价的方法从企业绩效和企业能力两个方面考察企业的成长。具体题项和来源如表5-1所示。

表5-1　　　　　　企业成长测度及其来源

测量题项	测度的来源或依据
与过去三年相比企业能够更快地将新旧知识进行融合	辛库拉、贝克,诺德维尔(1999),金伯利(Kimberly,1976),阿里迪什维利(Aridishvili,1997),王建军(2005),王晓辉(2013)
与过去三年相比企业的创新意识明显增强	
与过去三年相比企业能够更好地识别和处理各种信息	
与过去三年相比企业的战略规划更加完善	
与过去三年相比企业整合内外部资源的能力显著增强	
与过去三年相比企业针对环境变化能够更加及时地进行战略调整	
与过去三年相比企业的治理结构和规章制度更加完善	
与过去三年相比企业的净利润明显增加	
与过去三年相比企业市场份额显著提升	

(二) 自变量:企业家精神

企业家精神是企业成长的动力和创新的源泉。虽然现有研究中对于企业家精神维度的划分和测量方式没有形成一个统一的标准,但是大部分研究都是基于米勒(1983)开发的研究演化而来的。本书秉承这些学者的研究，主要考察企业家精神中的创新精神、风险承担精神和合作分享精神。具体题项如表 5-2 所示。

表 5-2　　　　　　　　企业家精神测度及其来源

维度	测量题项	测度的来源或依据
创新精神	我（企业领导）总是考虑采用新的方式和方法开展我的业务	米勒（1983），伦普金、德斯（1987），米勒、科文和斯莱文（1977），陈卫忠（2008）
	我（企业领导）总是考虑向客户提供新的产品和服务	
	我（企业领导）总希望将我（我们）的产品和服务推向新的市场	
	我（企业领导）擅长整合不同来源的思想、问题和资料将其应用在新的领域	
	我（企业领导）喜欢尝试不同的方式来实现目标	
	我（企业领导）经常把新的问题看成机会	
风险承担精神	我（企业领导）倾向于选择那些有机会获得高额回报，但风险很大的项目	
	我（企业领导）倾向于通过大胆、迅速的行动来实现目标	
	我（企业领导）倾向于采取积极的姿态，把握潜在的机会	
	我（企业领导）对未来的不确定性具有较高的承受度	
分享合作精神	我（企业领导）能够接受企业短期内的经营亏损情况	
	愿意接受和采纳他人提供的有价值的新观点	
	愿意主动与人分享自己的知识和经验	
	愿意与他人分享自己对所讨论问题的新观点	
	采用集体决策的方式制定创新战略	

（三）中介变量：公司创业

本书将公司创业定义为一种企业实际行为，是企业家精神的实质性行为表现。基于安东努奇和海斯里奇等（Antoncic & Hisrich et al., 2001）的研究，我们重点关注公司创业活动中的新业务的拓展、新技术新产品的研发和企业战略的更新三个维度。测量题项和来源如表5-3所示。

表5-3　　　　　　　　公司创业测度及其来源

维度	题　项	测度的来源或依据
新业务的开拓	我们扩展了现有产品服务的市场范围	安东努奇和海斯里奇（2001），海顿（2002；2005），扎赫拉（1996），张慧（2007），科德罗（1990），阿图阿涅吉玛（1995），黄博声（1998），林文宝（2001）
	我们扩充了现有业务的生产线	
	我们在与现有业务相关的新领域中开发新业务	
	我们建立和发起了几个新的事业实体	
	我们通过积极的广告和营销手段在当前市场上扩大产品需求	
	我们在当前市场挖掘新的产品需求空间	
	我们通过提供新的产品和生产线进入新的领域	
	我们在现有业务领域拓宽产品线	
	我们的业务领域一直比较单一	
产品技术创新	我们一直向我们的客户提供现有产品服务	
	我们不断改进现有产品的质量	
	我们总是加快产品更新的速度	
	我们总是想方设法提高产品的市场竞争力	
	我们提升了企业产品的品牌知名度	
	我们很看重产品外包装的设计	
	我们为了快速响应客户需求而推出新产品	

续表

维度	题项	测度的来源或依据
组织战略更新	我们会根据环境变化修正产品服务定位和目标市场	安东努奇和海斯里奇（2001），海顿（2002；2005），扎赫拉（1996），张慧（2007），科德罗（1990），阿图阿涅吉玛（1995），黄博声（1998），林文宝（2001）
	我们重新界定了所从事的业务	
	我们撤销了亏损的业务或非主营业务	
	我们采用了弹性的组织结构以增强创新	
	我们重新界定了在我们所处的产业链中的位置和角色	
	我们组织内部机制僵化，缺乏灵活性	
	即使当前业务起色不大，我们也没想过新的尝试	
	我们重新界定了经营理念	

（四）调节变量：环境动态性

环境动态性是企业在生产经营活动中不可避免的外部市场影响因素。本书根据弗里森（Frisen，1983）和德罗奇（Droge，1986）的研究，从市场、行业、竞争对手等多个方面来测量环境的动态性。测量题项和来源如表 5-4 所示。

表 5-4 环境动态性测度及其来源

测量题项	测度的来源和依据
所在行业的核心产品换代速度很快	米勒和弗里森（1983）、米勒和德罗奇（1986）、米勒（1987）以及的研究
行业内技术变革的速度很快	
贵企业营销策略更换速度很快	
企业主要竞争对手的市场活动变得越来越难以预测	
顾客需求越来越难以预测	
所在行业的核心产品换代速度很快	

（五）控制变量

米勒（1983；1989），德塞尔（1987），陈卫忠（2008）和彭国红（2011）等学者在相关研究中指出，企业家精神、公司创业和企业成长除了受到环境动态性的影响之外，不同行业、不同规模和企业不同的营业年限都会对企业家精神和企业成长产生一定影响。因此本书将企业规模、企业年龄、企业所属行业作为控制变量。企业规模根据企业员工人数划分，企业年龄根据企业自成立之日起到 2016 年为止计算，企业所属行业分为制造业、建筑与房地产业、批发零售业、餐饮服务业、电子信息行业、教育卫生行业、服务贸易。另外，企业的所有制属性也会对企业家精神和企业成长产生一定影响（Shu et al., 2011），但是由于各方面条件的限制，本书所有企业均为民营企业，因此在控制变量中不考虑企业的所有制类型。为了便于描述，我们将各个变量用代码表示，各变量所对应的代码如表 5-5 所示。

表 5-5　　　　　　　　　　变量与代码

变量	代码
企业家精神	EN
创新精神	IS
风险承担精神	RT
合作分享精神	SC
公司创业	CE

续表

变量	代码
新业务拓展	ND
产品技术创新	TI
组织战略更新	RS
环境动态性	DY
企业成长	FG
企业规模	FS
企业年龄	FA
企业所属行业	IN

三、数据收集

在武汉、上海、北京等8家猎头公司及其分支机构和武汉市"非公经济新生代联谊会"、北京青年企业家协会、广东菁英会、R－ONE clue（广西）等组织的协助下，借助用人单位入职反馈、企业年会和行业会议的机会，通过现场填写、邮件和电话访谈的方式，对86家企业进行了问卷调查。

为了避免问卷调查中出现的共同方法偏差（common method bias），本书采用企业家——员工两者的配对样本数据进行实证分析。通过猎头公司引荐，邀请企业家填写问卷（A卷），现场回收问卷并编号，然后请部分企业家在其公司向员工发放5份问卷（B卷），部分企业由猎头公司和研究者进行发放。问卷分两阶段发放，第一阶段为问卷设计的初试阶段，共发放100份问卷，其中企业家问卷10份、员工问卷90份，最终回收有效企业家问卷 10 份，有效员工问卷 83 份。问卷回收后，根据处理结果对部分题项进行了修正。第二阶段为正式测量阶段，发放企业家问卷（A 卷）86 份，员工问卷（B 卷）430 份。最终回收企业家问卷 86 份，员工问卷 368 份，剔除无效的配对问卷 73 份，最终有效配对问卷为 443 份。问卷发放方式、发放数量和有效回收问卷数量如表 5-6 所示。

表 5-6　　　　　　　　　问卷发放与回收情况

问卷发放方式	发放数量（份）	回收数量（份）	回收率（%）	有效数量（份）	有效率（%）
走访企业	96	102	100	100	100
委托猎头公司	312	301	96.47	271	90.03
电子邮件	108	108	100	73	67.59
合计	516	511	99.03	443	86.69

本次问卷调查的企业全部为民营企业，企业规模 2000 人以下的企业占 84.9%，营业额 5 亿元以下的企业占 66.3%，这表明本次实证研究的样本以中小企业为主。企业平均经营年限为 14.5 年，企业家年龄平均为 31.6 岁，企业家大部分为"80 后"年轻企业家，多数企业已经完成了一次代际传承。年轻企业家普遍接受过良好的高等教育，70% 以上的年轻企业家拥有研究生以上学历。本次问卷调查中的企业所属行业分布较为平均，制造业、建筑业和服务业等均有所涉及。问卷样本的基本特征如表 5-7 所示。

表5-7 样本的基本特征

项目	统计特征						
企业规模（人）	<100	100~199	200~499	500~999	1000~1999	2000~4999	>5000
	3	6	19	23	22	11	2
	3.6%	6.9%	22.1%	26.7%	25.6%	12.8%	2.3%
营业收入（百万元）	<1	1~5	5~10	10~50	50~100	100~500	500以上
	1	14	3	8	12	19	29
	1.1%	16.3%	3.5%	9.4%	13.9%	22.1%	33.7%
企业年龄（年）	<5		10		15		>20
	13		22		46		5
	15.1		25.6		53.5		5.8
企业所属行业	制造业	建筑与房地产	批发零售业	餐饮娱乐业	电子信息行业	教育卫生行业	服务贸易
	13	21	7	14	10	9	12
	15.1%	24.4%	8.1%	16.3%	11.6%	10.5%	14.0%
企业家学历	本科以下		本科		研究生		博士
	2		23		52		9
	2.3%		26.7%		60.5%		10.5%
企业家年龄（岁）	<30		30~40		40~50		>50
	32		39		13		2
	37.2		45.4		15.1		2.3

第二节 数据分析与假设检验

一、探索性因子分析

由于本书在现有研究的基础上,对学者们开发的企业家精神量表、公司创业量表和企业成长量表进行了调整和修正,为保证修正后量表的信度和效度,需要对各个变量的题项进行检验。关于探索性因子分析的样本容量,目前学术界没有严格的统一标准,根据吴明隆(2003)和徐淑英等(2008)的建议,样本数量应当为变量数目或变量中题项的5~10倍。本书需要进行因子分析的变量数量为8个,按照放大10倍的标准,在预测试中共发放问卷100份,回收有效问卷93份。对于探索性因子分析的判断标准,本书采用克伦巴赫α系数(Cronbach's α)和题项—总体相关系数(CITC)两个指标来检验信度,其中Cronbach's α应大于0.7,CITC应大于0.35(李怀祖,2004)。

(一)自变量:企业家精神

企业家精神的探索性因子分析结果显示 KMO 值为

0.878，大于凯瑟（Kaiser，1974）提出的 KMO 值最小值为 0.5 的标准，表示变量因素间的共同性因素很多，适合做因子分析；Bartlett 的球体检验的近似卡方值为 1031.232，显著性概率为 0.000，意味着母群体的相关矩阵间有共同因素存在，适合进行因子分析。然后，采用主成分分析法进行探索性因子分析，按照特征值大于 1 和最大因子载荷大于 0.5 的标准采用主成分法进行抽取，旋转方法采用最大方差法（varimax）。具体结果如表 5-8 所示。

表 5-8　　企业家精神的探索性因子分析结果（N=93）

维度	编号	测量题项	因子载荷		
			因子1	因子2	因子3
创新精神	V1	我（企业领导）总是考虑采用新的方式和方法开展我的业务	0.723		
	V2	我（企业领导）总是考虑向客户提供新的产品和服务	0.846		
	V3	我（企业领导）总希望将我（我们）的产品和服务推向新的市场	0.713		
	V4	我（企业领导）擅长整合不同来源的思想资料将其应用在新的领域	0.744		
	V5	我（企业领导）喜欢尝试不同的方式来实现目标	0.691		
	V6	我（企业领导）经常把新的问题看成机会	0.791		

续表

维度	编号	测量题项	因子载荷 因子1	因子2	因子3
风险承担	V7	我（企业领导）倾向于选择那些高风险、高回报的项目		0.720	
	V8	我（企业领导）倾向于通过大胆、迅速的行动来实现目标		0.697	
	V9	我（企业领导）倾向于采取积极的姿态，把握潜在的机会		0.699	
	V10	我（企业领导）对未来的不确定性具有较高的承受度		0.692	
	V11	我（企业领导）能够接受企业短期内的经营亏损情况		0.719	
分享合作	V12	愿意接受和采纳他人提供的有价值的新观点			0.744
	V13	愿意主动与人分享自己的知识和经验			0.714
	V14	愿意与他人分享自己对所讨论问题的新观点			0.758
	V15	采用集体决策的方式制定创新战略			0.693
		特征值（total）	7.164	3.010	1.219
		方差贡献率（% of variance）	41.118	17.250	6.627

探索性因子分析结果表明，15个企业家精神题项可以归为3个因子，根据现有文献和本书的理论分析，分别将三个因子命名为：企业家创新精神、企业家风险承担精神、企业家分享合作精神。

接下来对探索性因子分析结果中的三个因子进行信度分析，结果表明，所有CITC系数均大于0.5，Cronbach's α系数均大于0.7，说明企业家精神量表中的题项之间具有良好的内部一致性。当剔除企业家创新精神中题项 V5 时，α 值为 0.896，高于总体 α 系数 0.855，因此，将题项 V5 删除。同样，当剔除掉企业家风险承担精神中的题项 V8 时，总体 α 系数由 0.792 提升到 0.802，因此，剔除掉题项 V8，如表 5-9 所示。

表 5-9　　　　　企业家精神的信度分析结果（N=93）

维度	编号	测量题项	CITC	项已删除的 α 值	α
创新精神	V1	我（企业领导）总是考虑采用新的方式和方法开展我的业务	0.812	0.718	0.855
	V2	我（企业领导）总是考虑向客户提供新的产品和服务	0.824	0.711	
	V3	我（企业领导）总希望将我（我们）的产品和服务推向新的市场	0.801	0.749	
	V4	我（企业领导）擅长整合不同的思想和资料将其应用在新的领域	0.796	0.776	
	V5	我（企业领导）喜欢尝试不同的方式来实现目标	0.711	0.896	
	V6	我（企业领导）经常把新的问题看成机会	0.757	0.783	
风险承担	V7	我（企业领导）倾向于选择那些高风险、高回报的项目	0.612	0.707	0.792
	V8	我（企业领导）倾向于通过大胆、迅速的行动来实现目标	0.545	0.802	
	V9	我（企业领导）倾向于采取积极的姿态，把握潜在的机会	0.599	0.714	
	V10	我（企业领导）对未来的不确定性具有较高的承受度	0.601	0.711	
	V11	我（企业领导）能够接受企业短期内的经营亏损情况	0.609	0.708	
分享合作	V12	愿意接受和采纳他人提供的有价值的新观点	0.545	0.691	0.787
	V13	愿意主动与人分享自己的知识和经验	0.536	0.714	
	V14	愿意与他人分享自己对所讨论问题的新观点	0.547	0.681	
	V15	采用集体决策的方式制定创新战略	0.511	0.744	

（二）因变量：企业成长

企业成长的 KMO 值为 0.816，Bartlett 的球体检验的近似卡方值为 1161.231，显著性概率为 0.000，适合进行因子分析。探索性因子分析结果如表 5-10 所示。结果表明，所有题项经过旋转之后，形成了 1 个因子，这与量表来源的相关研究结果一致。

表 5-10　　企业成长的探索性因素分析结果（N=93）

编号	测量题项	因子载荷
V30	企业能够更快地将新旧知识进行融合	0.817
V31	企业的创新意识明显增强	0.810
V32	企业能够更好地识别和处理各种信息	0.611
V33	企业的战略规划更加完善	0.691
V34	企业整合内外部资源的能力显著增强	0.694
V35	企业针对环境变化能够更加及时地进行战略调整	0.711
V36	企业的治理结构和规章制度更加完善	0.629
V37	企业的净利润明显增加	0.757
V38	企业市场份额显著提升	0.714
特征值（total）		6.352
方差贡献率（% of variance）		39.178
累计方差贡献率（cumulative %）		55.110

根据因子分析的结果，对企业成长进行信度检验。其中，所有的 CITC 系数均大于 0.5，同时 Cronbach's α 系数大于 0.7，

表明企业成长的各个题项之间具有良好的内部一致性。其中，当剔除掉题项 V30 时，企业成长的总体 α 系数从 0.81 上升为 0.856，剔除题项 V31 时，企业成长的总体 α 系数从 0.801 上升为 0.846，剔除题项 V32 时，企业成长的总体 α 系数从 0.801 上升为 0.814，因此在正式问卷中剔除掉题项 V30、V31 和 V32。详细数据如表 5-11 所示。

表 5-11　　　　企业成长的信度分析结果（N=93）

编号	测量题项	CITC	项已删除的 α 值	α
V30	企业能够更快地将新旧知识进行融合	0.591	0.856	
V31	企业的创新意识明显增强	0.642	0.846	
V32	企业能够更好地识别和处理各种信息	0.543	0.814	
V33	企业的战略规划更加完善	0.592	0.697	
V34	企业整合内外部资源的能力显著增强	0.588	0.704	0.801
V35	企业针对环境变化能够更加及时地进行战略调整	0.641	0.659	
V36	企业的治理结构和规章制度更加完善	0.617	0.679	
V37	企业的净利润明显增加	0.703	0.699	
V38	企业市场份额显著提升	0.754	0.661	

（三）中介变量：公司创业

公司创业的 KMO 值为 0.796，Bartlett 的球体检验的近似卡方值为 1014.071，显著性概率为 0.000，适合进行因子分析。探索性因子分析结果如表 5-12 所示。结果表明，所有题项经过旋转之后，形成了 3 个因子，根据现有相关研究和本书的理论分析，将这3个因子命名为：新业务拓展、技术创新、战略更新。

表 5-12　　　　　公司创业的探索性因子分析（N=93）

维度	编号	测量题项	因子载荷		
			因子1	因子2	因子3
新业务拓展	V16	我们扩展了现有产品服务的市场范围	0.816		
	V17	我们在与现有业务相关的新领域中开发新业务	0.794		
	V18	我们建立和发起了几个新的事业实体	0.844		
	V19	我们通过新的营销手段在市场上扩大产品需求	0.673		
	V20	我们在当前市场挖掘新的产品需求空间	0.714		
	V21	我们通过提供新的产品和生产线进入新的领域	0.746		
技术创新	V22	我们不断改进现有产品的质量		0.826	
	V23	我们总是加快产品更新的速度		0.807	
	V24	我们总是想方设法提高产品的市场竞争力		0.794	
	V25	我们为了快速响应客户需求而推出新产品		0.697	
战略更新	V26	我们会根据环境变化修正产品服务定位和目标市场			0.882
	V27	我们撤销了亏损的业务或非主营业务			0.817
	V28	我们重新界定了企业在产业链中的位置和角色			0.799
	V29	我们重新界定了经营理念			0.764
		特征值（total）	4.372	3.516	2.381
		方差贡献率（% of variance）	46.130	17.450	5.691
		累计方差贡献率（cumulative %）	52.110	43.156	51.313

在探索性因子分析的基础上，对公司创业的题项进行信度检验。结果如表 5-13 所示，在剔除题项 V19 后，企业新业务

拓展的总体α系数由0.849上升到0.886，剔除题项V21后，α系数由0.849上升到0.854。因此，删除掉预测试问卷中的题项V19和题项V21。

表5-13　　　　　公司创业的信度检验结果（N=93）

维度	编号	测量题项	CITC	项已删除的α值	α
新业务拓展	V16	我们扩展了现有产品服务的市场范围	0.761	0.711	0.849
	V17	我们在与现有业务相关的新领域中开发新业务	0.729	0.749	
	V18	我们建立和发起了几个新的事业实体	0.781	0.702	
	V19	我们通过新的营销手段在当前市场上扩大产品需求	0.591	0.886	
	V20	我们在当前市场挖掘新的产品需求空间	0.699	0.851	
	V21	我们通过提供新的产品和生产线进入新的领域	0.602	0.854	
技术创新	V22	我们不断改进现有产品的质量	0.811	0.741	0.862
	V23	我们总是加快产品更新的速度	0.826	0.719	
	V24	我们总是想方设法提高产品的市场竞争力	0.764	0.797	
	V25	我们为了快速响应客户需求而推出新产品	0.770	0.794	
战略更新	V26	我们会根据环境变化修正产品服务定位和目标市场	0.744	0.781	0.817
	V27	我们撤销了亏损的业务或非主营业务	0.726	0.792	
	V28	我们重新界定了企业在产业链中的位置和角色	0.761	0.763	
	V29	我们重新界定了经营理念	0.619	0.801	

（四）调节变量：环境动态性

环境动态性的KMO值为0.714，Bartlett的球体检验的近似卡方值为 347.517，显著性概率为 0.000，适合进行因子分析。通过对 93 份预测试问卷中环境动态性所涉及的题项进行探索性因子分析，根据特征根大于 1 且最大因子载荷大于 0.5 的提取标准，得到一个单一因子，累计方差贡献率为 82.991%。具体结果如表 5-14 所示。

表 5-14　环境动态性的探索性因子分析结果（N=93）

编号	测量题项	因子载荷
V39	所在行业的核心产品换代速度很快	0.911
V40	行业内技术变革的速度很快	0.874
V41	贵企业营销策略更换速度很快	0.901
V42	企业主要竞争对手的市场活动变得越来越难以预测	0.889
V43	顾客需求越来越难以预测	0.861
V44	所在行业的核心产品换代速度很快	0.894

在此基础上对环境动态性的题项进行信度检验，结果表明各题项之间内部一致性良好。环境动态性量表的信度和效度良好如表 5-15 所示。

表 5-15　环境动态性的信度分析结果（N=93）

编号	测量题项	CITC	项已删除的 α 值	α
V39	所在行业的核心产品换代速度很快	0.768	0.876	
V40	行业内技术变革的速度很快	0.835	0.773	0.901
V41	贵企业营销策略更换速度很快	0.769	0.859	

续表

编号	测量题项	CITC	项已删除的α值	α
V42	企业主要竞争对手的市场活动变得越来越难以预测	0.814	0.794	0.901
V43	顾客需求越来越难以预测	0.799	0.815	
V44	所在行业的核心产品换代速度很快	0.778	0.841	

根据探索性因子分析的相关结果，对问卷的题项进行对应的调整和修改，最终形成了本次研究的正式问卷，问卷全部题项如表5-16所示。

表5-16　　　　　　　　正式调查问卷题项

构念	编号	题项
企业家精神	F1	我（企业领导）总是考虑采用新的方式和方法开展我的业务
	F2	我（企业领导）总是考虑向客户提供新的产品和服务
	F3	我（企业领导）总希望将我（我们）的产品和服务推向新的市场
	F4	我（企业领导）擅长整合不同来源的思想、问题和资料将其应用在新的领域
	F5	我（企业领导）经常把新的问题看成机会
	F6	我（企业领导）倾向于选择那些高风险、高回报的项目
	F7	我（企业领导）倾向于采取积极的姿态，把握潜在的机会
	F8	我（企业领导）对未来的不确定性具有较高的承受度
	F9	我（企业领导）能够接受企业短期内的经营亏损情况
	F10	愿意接受和采纳他人提供的有价值的新观点
	F11	愿意主动与人分享自己的知识和经验
	F12	愿意与他人分享自己对所讨论问题的新观点
	F13	采用集体决策的方式制定创新战略

续表

构念	编号	题　项
公司创业	F14	我们扩展了现有产品服务的市场范围
	F15	我们在与现有业务相关的新领域中开发新业务
	F16	我们建立和发起了几个新的事业实体
	F17	我们在当前市场挖掘新的产品需求空间
	F18	我们不断改进现有产品的质量
	F19	我们总是加快产品更新的速度
	F20	我们总是想方设法提高产品的市场竞争力
	F21	我们为了快速响应客户需求而推出新产品
	F22	我们会根据环境变化修正产品服务定位和目标市场
	F23	我们撤销了亏损的业务或非主营业务
	F24	我们重新界定了企业在产业链中的位置和角色
	F25	我们重新界定了经营理念
企业成长	F26	企业的战略规划更加完善
	F27	企业整合内外部资源的能力显著增强
	F28	企业针对环境变化能够更加及时地进行战略调整
	F29	企业的治理结构和规章制度更加完善
	F30	企业的净利润明显增加
	F31	企业市场份额显著提升
环境动态性	F32	所在行业的核心产品换代速度很快
	F33	行业内技术变革的速度很快
	F34	贵企业营销策略更换速度很快
	F35	企业主要竞争对手的市场活动变得越来越难以预测
	F36	顾客需求越来越难以预测
	F37	所在行业的核心产品换代速度很快

二、验证性因子分析

在探索性因子分析的基础上，对初试问卷作出了相应调整，编制了正式的调查问卷，并利用正式问卷进行了第二次问卷调查，共回收有效问卷443份。本书利用AMOS17.0统计软件对443份正式问卷进行验证性因子分析，检验问卷中各个变量的内部结构、聚合效度和区分效度。

（一）自变量：企业家精神

首先对企业家精神量表进行信度检验，检验结果显示各个题项的CITC系数均大于0.6；创新精神的Cronbach's α系数为0.873，风险承担精神的Cronbach's α为0.826，分享合作的Cronbach's α系数为0.801；同时删除任何一个题项量表的Cronbach's α都不会提高，说明量表中各个题项的内部一致性良好。然后对企业家精神中三个维度分别进行验证性因子分析。拟合结果如表5-17所示。

表5-17　　　　　测量模型拟合结果（N=443）

路径	标准化路径系数	路径系数	S. E.	C. R.	P（显著性）
F1←创新精神	0.761	1.000			
F2←创新精神	0.806	0.970	0.079	12.278	***
F3←创新精神	0.682	0.952	0.084	11.333	***
F4←创新精神	0.822	0.966	0.076	12.711	***
F5←创新精神	0.813	0.947	0.081	11.691	***
F6←风险承担精神	0.853	1.000			
F7←风险承担精神	0.912	0.967	0.076	12.724	***
F8←风险承担精神	0.875	0.891	0.055	16.200	***
F9←风险承担精神	0.861	0.941	0.049	19.204	***

续表

路径	标准化路径系数	路径系数	S.E.	C.R.	P（显著性）
F10←分享合作精神	0.844	1.000			
F11←分享合作精神	0.896	0.854	0.079	10.810	***
F12←分享合作精神	0.901	0.882	0.059	14.949	***
F13←分享合作精神	0.791	0.949	0.064	14.828	***
χ^2	321.675	RMSEA	0.046	CFI	0.925
df	161	NFI	0.909	GFI	0.917
χ^2/df	1.996	TLI	0.910		

注：*表示P<0.05，**表示P<0.01，***表示P<0.001。

企业家精神测量模型的χ^2值为321.672，χ^2/df值为1.996，小于2；CFI值为0.925，GFI为0.917，NFI为0.909，TLI为0.910，均大于0.9；RMSEA值为0.046，小于0.05；各个路径系数均在1%水平上显著，因此模型具有较好的拟合度。另外，企业家精神测量模型中创新精神的AVE根号值为0.797，高于创新精神与所有其他潜变量的相关系数；风险承担精神的AVE根号值为0.746，高于风险承担精神与其他所有潜变量的相关系数；分享合作精神的AVE根号值为0.818，高于分享合作精神与其他所有潜变量的相关系数。因此，初步认为测量模型的聚合效度和区分效度良好。

（二）因变量：企业成长

企业成长量表经过调整之后，各个题项CITC系数均大于0.6，量表的Cronbach's α系数为0.809，删除任何一个题项量表的 Cronbach's α 系数都不会提高，说明量表中各个题项的内部一致性良好。

（三）中介变量：公司创业

公司创业量表各个因子中的题项 CITC 系数均大于 0.6；新业务拓展的 Cronbach's α 系数为 0.838，技术创新的 Cronbach's α 为 0.874，战略更新的 Cronbach's α 为 0.826；删除任何一个题项各个量表的 Cronbach's α 系数都不会提高，说明量表中各个题项的内部一致性良好。

（四）调节变量：环境动态性

环境动态性量表经过调整之后，各个的题项 CITC 系数均大于 0.7，量表的 Cronbach's α 系数为 0.889，删除任何一个题项量表的 Cronbach's α 系数都不会提高，说明量表中各个题项的内部一致性良好。测量模型拟合结果如表 5-18 所示。

表 5-18　　测量模型拟合结果（N=443）

路径	标准化路径系数	路径系数	S.E.	C.R.	P（显著性）
F14←新业务拓展	0.814	1.000	—	—	—
F15←新业务拓展	0.715	0.897	0.034	26.382	***
F16←新业务拓展	0.794	0.847	0.056	15.125	***
F17←新业务拓展	0.911	0.822	0.063	13.048	***
F18←技术创新	0.897	1.000	—	—	—
F19←技术创新	0.877	0.773	0.039	19.821	***
F20←技术创新	0.731	0.786	0.046	17.087	***
F21←技术创新	0.746	0.797	0.065	12.262	***

续表

路径	标准化路径系数	路径系数	S.E.	C.R.	P（显著性）
F22←战略更新	0.796	1.000	—	—	—
F23←战略更新	0.714	0.844	0.066	12.788	***
F24←战略更新	0.897	0.841	0.079	10.646	***
F25←战略更新	0.787	0.822	0.059	13.932	***
χ^2	2041.231	RMSEA	0.057	CFI	0.886
df	758	NFI	0.871	GFI	0.881
χ^2/df	2.69	TLI	0.869	—	—

注：* 表示 P<0.05，** 表示 P<0.01，*** 表示 P<0.001。

测量模型中，$\chi^2 = 2041.231$，自由度为758，$\chi^2/df = 2.69$，小于3；TLI 指标为 0.869，CFI 指标为 0.886，GFI 指标为 0.881，NFI 指标为 0.871，均接近 0.9，RMSEA 指标为 0.057，介于 0.05 ~ 0.08；各个路径系数均在 1% 水平上显著，因此模型具有较好的拟合度。另外，公司创业测量模型中新业务拓展的 AVE 根号值为 0.716，高于新业务拓展与所有其他潜变量的相关系数；技术创新的 AVE 根号值为 0.784，高于新业务拓展与其他所有潜变量的相关系数；战略更新的 AVE 根号值为 0.810，高于战略更新与其他所有潜变量的相关系数。因此，初步认为测量模型的聚合效度和区分效度良好。

三、描述性统计和相关分析

本书所有变量的基本统计特征和变量之间的相关性如表 5-19 所示。

表 5-19　变量的描述性统计（N=443）

变量	均值	方差	FS	FA	IN	IS	RT	SC	ND	TI	RS	FG
FS	1250.1	2.31	—	—	—	—	—	—	—	—	—	—
FA	14.5	1.89	0.17**	—	—	—	—	—	—	—	—	—
IN	3.72	0.46	-0.64**	0.04	—	—	—	—	—	—	—	—
IS	4.46	1.01	0.31**	-0.31**	0.41**	—	—	—	—	—	—	—
RT	3.97	1.22	0.67**	0.44**	0.32**	0.24**	—	—	—	—	—	—
SC	4.01	1.06	0.32**	0.31**	0.19**	0.18**	0.32**	—	—	—	—	—
ND	4.04	0.74	0.26**	-0.32**	0.21**	0.15**	0.31**	0.12**	—	—	—	—
TI	3.12	3.43	0.11**	0.21**	0.33**	0.17**	0.06*	0.17**	0.26*	—	—	—
RS	3.78	2.21	0.26**	0.13**	0.17**	0.24**	0.17**	0.23**	0.21**	0.17**	—	—
FG	4.16	0.98	0.12**	0.16	0.41**	0.32*	0.23**	0.41*	0.19**	0.22**	0.23**	—
DY	4.88	0.21	0.23	0.02	0.61**	0.41**	0.32**	0.36**	0.33**	0.41**	0.17**	0.16**

注：P 为显著性。* 表示 P<0.05，** 表示 P<0.01，*** 表示 P<0.001。

从表5-19可以看出，企业家精神和公司创业各个维度与企业成长之间具有显著的正向相关。控制变量和调节变量与企业家精神、公司创业以及企业成长之间也具有显著的相关关系。变量之间的相关分析为后续的研究提供了基本依据，但是这只说明了变量之间存在相关性，并不能解释其中的因果联系和更深层次的问题。因此，本书将通过结构方程模型进一步分析企业家精神影响企业成长的中介机制和调节机制。

四、中介作用检验

本书主要变量测量都通过了信度和效度的检验，表明本书所构建的测量模型具有较好的表征效果，对各变量测量是有效的。同时，本书的探索性因子分析所抽取的公共因子也验证了本书的预设理论（各个变量维度的划分）。因此，将运用结构方程建模对企业家精神和企业成长的关系作进一步结构分析，验证本书所提出的理论假设1至假设15。

（一）结构方程建模

基于概念模型（见图5-1）和本书的理论假设，利用AMOS21.0软件建构了结构方程初始模型，如图5-1所示。初始模型中包括7个潜变量和31个显变量。其中，企业家创新精神（IS）、风险承担精神（RT）合作分享精神（SC）3个是外生潜变量（exogenous latent variables）；新业务拓展（ND）、

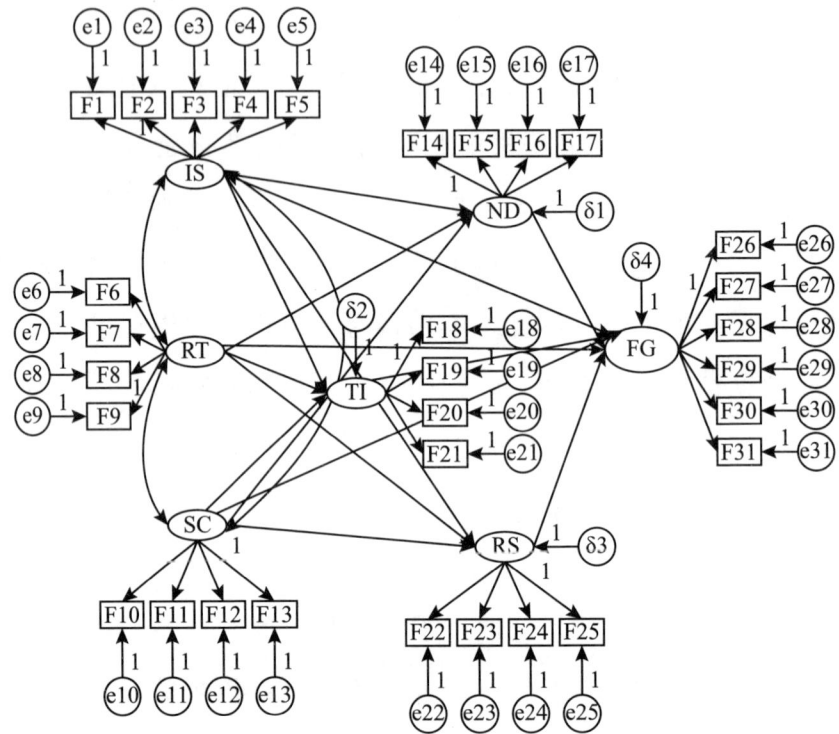

图 5-1 基于概念模型的初始结构方程模型

产品技术创新（TI）、组织战略更新（RS）和企业成长（FG）是4个内生潜变量（endogenous latent variables）。外生变量（exogenous variables）是指自变量，内生变量（endogenous variables）是指因变量，因变量会有残差变量（residual variance）。除了潜变量和显变量外，模型中还存在着 e1－e33 共33个显变量的残差变量和 δ1－δ4 共4个内生潜变量的残差变量，它们的路径系数默认值为1。残差变量的作用是为了保证模型的验证过程能够成立，因为从问卷得出的指标值难免会存在一定的误差，要使指标值完全与模型匹配几乎是不可能的，为了使概念模型得到验证，必须引入残差变量。关于研究中的控制变量问题，本书对比了加入控制变量企业规模、企业年龄和企业所属行业之后的模型与未加入控制变量的模型，发现未加入控制变量的模型拟合度较好，而且是否加入控制变量对模型中各个路径系数不会产生显著性影响，因此本书在下面对结构方程模型中设定的15条影响路径进行验证时采用的是未加入控制变量的模型。

（二）结构方程模型检验与修正

本书将对初始结构方程模型中设定的15条影响路径进行验证。利用AMOS21.0软件对初始结构方程模型进行运算分析，运算结果如表5-20所示，初始模型拟合的χ^2值为889.429（自由度df=467），χ^2/df的值为1.1.904<2；RMSEA值为0.067，小于0.1；CFI值为0.901，GFI值为0.891，NFI值为0.886，TLI值为0.881，拟合指数均接近0.9，说明模型整体拟合较好。

从表5-20的C.R.值和P值可以看出，模型中有3条路径的C.R.值低于参考值1.96，同时未通过显著性检验，分别是企业成长（FG）←风险承担精神（RT）、新业务拓展（ND）←分享合作精神（SC）、战略更新（RS）←分享合作精神（SC）。说明初始模型需要进行局部修正。

表 5-20　　　　　　　初始模型的拟合结果（N=443）

路径	标准路径系数	非标准化路径系数	S.E.	C.R.	P（显著性）
ND←IS	0.536	0.554	0.082	6.756	***
TI←IS	0.472	0.510	0.073	6.986	***
RS←IS	0.321	0.336	0.067	5.015	***
FG←IS	0.294	0.301	0.084	3.583	***
ND←RT	0.392	0.411	0.091	4.516	***
TI←RT	0.411	0.432	0.042	10.286	***
RS←RT	0.467	0.479	0.036	13.306	***
FG←RT	0.168	0.174	0.097	1.794	0.209
ND←SC	0.147	0.149	0.091	1.637	0.541
TI←SC	0.326	0.367	0.046	7.978	***
RS←SC	0.041	0.044	0.076	0.579	0.684
FG←SC	0.416	0.433	0.084	5.155	***
FG←ND	0.455	0.479	0.053	9.038	***
FG←TI	0.329	0.371	0.069	5.377	***
FG←RS	0.299	0.389	0.077	5.052	***
χ^2	889.429	RMSEA	0.067	CFI	0.901
df	467	NFI	0.886	GFI	0.891
χ^2/df	1.904	TLI	0.881		

注：*表示 P<0.05，**表示 P<0.01，***表示 P<0.001。

AMOS21.0 统计软件中提供的修正指数（modification indices，MI）可以显示使 χ^2 拟合指数减少的相关信息，通过增加或减少总体拟合模型中可能的路径产生期望，来减小 χ^2 值。在对结构方程模型的修正过程中增加或者删除路径必须要有理论或经验依据，本书根据路径修正系数以及变量间关系的理论基础，对模型进行修正。

在结构方程模型中，一个参数的调整可以引起其他参数的系统性变化，因此本书采纳温忠麟（2004）的建议，每次只对一个参数进行调整。根据表5-20的结果，路径：战略更新（RS）←分享合作精神（SC）的C.R.值为0.579，明显低于1.96，并且该路径的标准回归系数为0.044且未通过显著性检验。因此，在进行模型修正时，首先选择删除此条路径。在删除了路径战略更新（RS）←分享合作精神（SC）之后，模型的GFI和NFI值均达到0.9以上，但是模型中路径：企业成长（FG）←风险承担精神（RT）和路径：新业务拓展（ND）←分享合作精神（SC）的C.R.值仍然低于1.96，且路径系数未通过显著性检验。因此，以同样的选择标准再次对模型进行修正，将路径新业务拓展（ND）←分享合作精神（SC）删除。此时，模型所有拟合指标均达到0.9以上，模型整体拟合度良好，路径：企业成长（FG）←风险承担精神（RT）的C.R.值变为2.633，但是路径系数为0.198，P值为0.287，没有通过显著性检验。虽然此时，修正模型中仍然存在没有通过显著性检验的路径，但是与模型拟合相关的指标均以达到了相应的标准，模型具有良好的拟合度，因此不再对模型进行修正。修正后模型的拟合结果如表5-21所示。

表5-21　　　　　修正后模型拟合结果（N=443）

路径	标准路径系数	非标准化路径系数	S.E.	C.R.	P（显著性）
ND←IS	0.532	0.551	0.082	6.720	***
TI←IS	0.466	0.500	0.073	6.849	***
RS←IS	0.319	0.326	0.067	4.866	***
FG←IS	0.274	0.299	0.084	3.560	***
ND←RT	0.383	0.401	0.091	4.407	***
TI←RT	0.406	0.422	0.052	8.115	***
RS←RT	0.447	0.459	0.046	9.978	***
FG←RT	0.198	0.208	0.079	2.633	0.287
TI←SC	0.316	0.347	0.046	7.543	***
FG←SC	0.396	0.403	0.084	4.798	*
FG←ND	0.425	0.449	0.053	8.472	***
FG←TI	0.315	0.351	0.069	5.087	***
FG←RS	0.289	0.376	0.077	4.883	***
χ^2	890.791	RMSEA	0.067	CFI	0.949
df	471	NFI	0.926	GFI	0.931
χ^2/df	1.891	TLI	0.906		

注：*表示 P<0.05，**表示 P<0.01，***表示 P<0.001。

（三）模型运算结果与中介效应分解

修正后的结构方程模型解决了由于概念模型本身存在问题导致的初始模型中拟合效果不好的问题。修正后的结构方程模型如图5-2所示，变量之间总共有12条路径在0.01水平上显著。其中，新业务拓展←企业家创新精神的路径系数为0.532，在0.01水平上显著；技术创新←企业家创新精神的路

第五章 企业家精神影响企业成长的实证分析

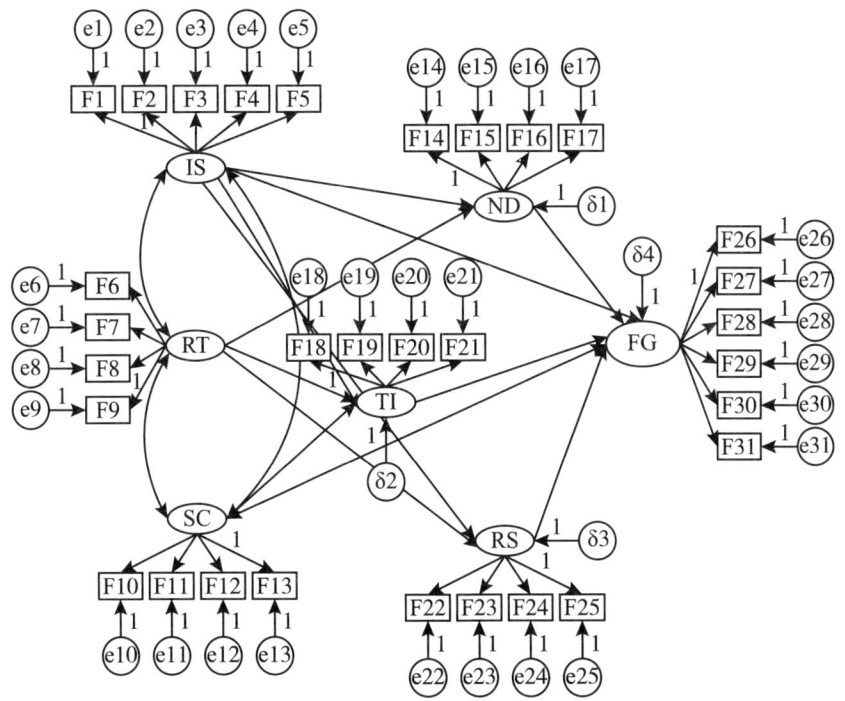

图 5-2 修正后的结构模型

径系数为 0.466 在 0.01 水平上显著;战略更新←企业家创新精神的路径系数为 0.319,在 0.01 水平上显著;企业成长←企业家创新精神的路径系数为 0.274,在 0.01 水平上显著;新业务拓展←风险承担精神的路径系数为 0.383,在 0.01 水平上显著;技术创新←风险承担精神的路径系数为 0.406,在 0.01 水平上显著;战略更新←风险承担精神的路径系数为 0.447,在 0.01 水平上显著;技术创新←合作分享精神的路径系数为 0.316,在 0.01 水平上显著;企业成长←合作分享精神的路径系数为 0.396,在 0.01 水平上显著;企业成长←新业务拓展的路径系数为 0.425,在 0.01 水平上显著;企业成长←技术创新的路径系数为 0.315，在 0.01 水平上显著；企业成长←战略更新的路径系数为 0.289，在 0.01 水平上显著。通过利用结构方程模型进行分析，验证了本书的假设 1、假设 3、假设 4、假设 5、假设 6、假设 7、假设 9、假设 10、假设 11、假设 12、假设 13、假设 14。

修正后的结构方程模型显示，自变量、中介变量、因变量之间存在多条路径，变量之间除了存在路径直接还存在间接路径，为了进一步解释公司创业中各个维度的中介作用，接下来对模型中的直接效应和间接效应以及总效应进行深入的分析。模型中各个变量之间的直接效应、间接效应和总效应结果如表 5-22 所示。

表 5-22　　　　　　　　　效应分析

效应类型	变量	IS	RT	SC	ND	TI	RS
直接效应	ND	0.532	0.383	0.000	0.000	0.000	0.000
	TI	0.466	0.406	0.316	0.000	0.000	0.000
	RS	0.319	0.447	0.000	0.000	0.000	0.000
	FG	0.274	0.000	0.396	0.425	0.315	0.289
间接效应	ND	0.000	0.000	0.000	0.000	0.000	0.000
	TI	0.000	0.000	0.000	0.000	0.000	0.000
	RS	0.000	0.000	0.000	0.000	0.000	0.000
	FG	0.465	0.420	0.100	0.000	0.000	0.000
总效应	ND	0.532	0.383	0.000	0.000	0.000	0.000
	TI	0.466	0.406	0.316	0.000	0.000	0.000
	RS	0.319	0.447	0.000	0.000	0.000	0.000
	FG	0.739	0.42	0.496	0.425	0.315	0.289

根据表 5-22 对模型中各个变量间直接效应、间接效应和总效应的分析，可以看出：创新精神与企业成长之间存在直接效应和间接效应，新业务拓展在两者之间存在部分中介作用；技术创新在企业家创新精神与企业成长之间存在部分中介作用；企业战略更新在企业家创新精神与企业成长之间存在部分中介作用；而企业家风险承担精神与企业成长之间只存在间接效应，不存在直接效应，因此新业务拓展在两者之间的中介效应属于完全中介；技术创新在企业家风险承担精神与企业成长之间存在完全中介效应；企业战略更新在企业家风险承担精神与企业成长之间存在完全中介效应；企业家的分享合作精神与企业成长之间既存在直接效应，也存在间接效应，而企业家的分享合作精神与公司创业维度中的新业务拓展和战略更新不存在直接效应和间接效应，因此只有技术创新在企业家分享合作精神与企业成长之间存在部分中介作用。

五、调节作用检验

利用结构方程模型验证了除假设 10 和假设 12 之外其余关于中介作用的假设。其中，新业务拓展、技术创新和战略更新三个中介变量在企业家分享合作精神和企业成长之间均起着完全中介作用，即不存在显著的直接效应。爱德华兹和兰伯特（Edwards & Lambert，2007）在讨论被调节的中介作用和有中介的调节作用时指出，"无论直接路径是否受到调节，都可以建立有调节的中介模型",这一观点得到了国内学者的支持（温忠麟，2014）。因此，本书中所有通过检验的中介模型（包括完全中介和部分中介）都可以建立被调节的中介模型。根据温忠麟（2014）的建议，检验被调节的中介模型可以采用依次检验、系数乘积的区间检验和中介效应差异检验。其中依次检验的第一类错误[①]率较低，检验方法最为便捷，包含的检验信息最为丰富。三种方法中首选依次检验法，但依次检验法的检验力较低，当检验结果不显著时并不能得出不存在被调节的中介效应的结论，还需要依次使用检验力更高的系数乘积区间检验和中介效应差异检验对模型进行检验。

本书将采用层次回归模型，利用 spss19.0 统计软件，对环境动态性的调节作用进行检验。在变量的描述性统计和相关分析中，已经验证了调节变量与中介变量和因变量之间均存在不同程度的显著相关性（见表 5 - 19）。

利用层次回归模型检验调节效应时，首先，需要检验各个解释变量之间是否存在多重共线性。模型中多重共线性可以通过方差膨胀因子（variance inflation factor，VIF）进行判断，如果 VIF 值介于 0 ~ 10，则认为不存在多重共线性；如果 VIF 值高于 10，则表明模型中存在较为严重的多重共线性。本书的各个回归模型 VIF 值均小于 4，因此不存在多重共线性。其次，需要通过残差项散点图判断是否存在异方差问题。本书的

---

① 第一类错误又称I型错误又称拒真错误，是指拒绝了实际上成立的，为"弃真"的错误。

残差项散点图呈现无序分布状态，因此不存在异方差问题。最后，需要检验样本值之间是否存在序列相关。本书的样本数据通过问卷调查法获得，属于截面数据，理论上不存在序列相关问题。通过考察 DW（Durbin-Waston）值发现，各个模型的 DW 值均在 2~2.5。根据马庆国（2002）提出的判断标准，DW 值介于 1.5~2.5，表示模型不存在序列相关问题。

本书共有 4 个部分中介模型，3 个完全中介模型，所有自变量、中介变量和因变量之间一共存在 12 条路径。为了检验环境动态性对这 12 条路径的调节作用，本书设计了 12 组模型，通过对比每组模型内自变量与调节变量交互项系数的显著性和加入了交互项之后自变量系数的显著性是否发生变化来分析环境动态性的调节作用。具体模型如下：

模型 0a：$FG = \alpha + \beta_0 control + \varepsilon$，其中 control = FS + FA + IN

模型 1a：$FG = \alpha + \beta_0 control + \beta_1 ND + \beta_2 DY + \varepsilon$

模型 1b：$FG = \alpha + \beta_0 control + \beta_1 ND + \beta_2 DY + \beta_3 ND\_DY + \varepsilon$

模型 2a：$FG = \alpha + \beta_0 control + \beta_1 TI + \beta_2 DY + \varepsilon$

模型 2b：$FG = \alpha + \beta_0 control + \beta_1 TI + \beta_2 DY + \beta_3 TI\_DY + \varepsilon$

模型 3a：$FG = \alpha + \beta_0 control + \beta_1 RS + \beta_2 DY + \varepsilon$

模型 3b：$FG = \alpha + \beta_0 control + \beta_1 RS + \beta_2 DY + \beta_3 RS\_DY + \varepsilon$

模型 4a：$FG = \alpha + \beta_0 control + \beta_1 IS + \beta_2 DY + \varepsilon$

模型 4b：$FG = \alpha + \beta_0 control + \beta_1 IS + \beta_2 DY + \beta_3 IS\_DY + \varepsilon$

模型 5a：$FG = \alpha + \beta_0 control + \beta_1 SC + \beta_2 DY + \varepsilon$

模型 5b：$FG = \alpha + \beta_0 control + \beta_1 SC + \beta_2 DY + \beta_3 SC\_DY + \varepsilon$

模型 0b： $ND = \alpha + \beta_0 control + \varepsilon$，其中 control = FS + FA + IN

模型 6a： $ND = \alpha + \beta_0 control + \beta_1 IS + \beta_2 DY + \varepsilon$

模型 6b： $ND = \alpha + \beta_0 control + \beta_1 IS + \beta_2 DY + \beta_3 IS\_DY + \varepsilon$

模型 7a： $ND = \alpha + \beta_0 control + \beta_1 RT + \beta_2 DY + \varepsilon$

模型 7b： $ND = \alpha + \beta_0 control + \beta_1 RT + \beta_2 DY + \beta_3 RT\_DY + \varepsilon$

模型 0c： $TI = \alpha + \beta_0 control + \varepsilon$，其中 control = FS + FA + IN

模型 8a： $TI = \alpha + \beta_0 control + \beta_1 IS + \beta_2 DY + \varepsilon$

模型 8b： $TI = \alpha + \beta_0 control + \beta_1 IS + \beta_2 DY + \beta_3 IS\_DY + \varepsilon$

模型 9a： $TI = \alpha + \beta_0 control + \beta_1 RT + \beta_2 DY + \varepsilon$

模型 9b： $TI = \alpha + \beta_0 control + \beta_1 RT + \beta_2 DY + \beta_3 RT\_DY + \varepsilon$

模型 10a： $TI = \alpha + \beta_0 control + \beta_1 SC + \beta_2 DY + \varepsilon$

模型 10b： $TI = \alpha + \beta_0 control + \beta_1 SC + \beta_2 DY + \beta_3 SC\_DY + \varepsilon$

模型 0d： $RS = \alpha + \beta_0 control + \varepsilon$，其中 control = FS + FA + IN

模型 11a： $RS = \alpha + \beta_0 control + \beta_1 IS + \beta_2 DY + \varepsilon$

模型 11b： $RS = \alpha + \beta_0 control + \beta_1 IS + \beta_2 DY + \beta_3 IS\_DY + \varepsilon$

模型 12a： $RS = \alpha + \beta_0 control + \beta_1 RT + \beta_2 DY + \varepsilon$

模型 12b： $RS = \alpha + \beta_0 control + \beta_1 RT + \beta_2 DY + \beta_3 RT\_DY + \varepsilon$

模型 0 中只包含控制变量（control），属于基础模型；模型 a 在模型 0 的基础上加入了自变量和调节变量环境动态性；模型 b 在模型 a 的基础上加入环境动态性与自变量的交互项。检验结果如表 5 - 23 和表 5 - 24 所示。

第五章　企业家精神影响企业成长的实证分析

表 5-23　被调节的中介作用依次检验结果 a

变量		模型 1 a	模型 1 b	模型 2 a	模型 2 b	模型 3 a	模型 3 b	模型 4 a	模型 4 b	模型 5 a	模型 5 b
自变量	ND	0.291**	0.277**	—	—	—	—	—	—	—	—
	TI	—	—	0.216**	0.207**	—	—	—	—	—	—
	RS	—	—	—	—	0.397**	0.350**	—	—	—	—
	IS	—	—	—	—	—	—	0.317**	0.301**	0.201*	0.199*
	SC	—	—	—	—	—	—	—	—	0.211*	0.239*
调节变量	DY	0.316**	0.409**	0.307**	0.336**	0.276**	0.295**	0.407**	0.411**	—	—
交互项	ND_DY	—	0.311**	—	—	—	—	—	—	—	—
	TI_DY	—	—	—	0.199*	—	—	—	—	—	—
	RS_DY	—	—	—	—	—	0.210*	—	—	—	—
	IS_DY	—	—	—	—	—	—	—	0.356**	—	—
	SC_DY	—	—	—	—	—	—	—	—	0.541	0.599
R^2		0.695	0.790	0.698	0.699	0.685	0.691	0.664	0.711	0.541	0.599
F		546.538**	997.070**	478.139**	941.555**	449.129**	955.130**	765.901**	744.000**	1410.16**	1011.019**

注：P 为显著性。* 表示 P<0.05，** 表示 P<0.01，*** 表示 P<0.001。

表 5-24　被调节的中介作用依次检验结果 ab

变量		模型 6 a	模型 6 b	模型 7 a	模型 7 b	模型 8 a	模型 8 b	模型 9 a	模型 9 b	模型 10 a	模型 10 b	模型 11 a	模型 11 b	模型 12 a	模型 12 b
自变量	IS	0.476**	0.491**	—	—	0.669**	0.671**	—	—	—	—	—	—	—	—
	RT	—	—	0.514**	0.507**	—	—	0.486**	0.466**	—	—	0.361**	0.376**	0.397**	0.336**
	SC	—	—	—	—	—	—	—	—	0.396**	0.411**	—	—	—	—
	DY	0.298**	—	0.311**	—	0.276**	—	0.361**	—	0.313**	—	0.446**	—	0.490**	—
调节变量	IS_DY	0.407**	—	—	—	0.210**	—	—	—	—	—	—	—	—	—
	RT_DY	—	—	0.319**	—	—	—	0.299**	—	—	—	0.244	—	0.176	—
交互项	SC_DY	—	—	—	—	—	—	—	—	0.201	—	0.510	—	0.454	—
R²		0.569	0.590	0.516	0.593	0.661	0.701	0.642	0.697	0.510	0.551	0.495	0.510	0.422	
F		1410.600**	1011.499**	1210.774**	1361.479**	986.868**	810.196**	1241.910**	1009.800**	1761.440**	1701.641**	1699.333**	1580.001**	1400.009**	1391.771**

注：P 为显著性。* 表示 P<0.05，** 表示 P<0.01，*** 表示 P<0.001。

对比表 5-23 和表 5-24 中模型 1、模型 4 和模型 6 中 a 和 b 的检验结果，可以看出，加入交互项之后，自变量系数没有发生显著变化，交互项系数为正且在 0.01 水平上显著，说明创新精神通过新业务拓展影响企业成长的中介作用受到环境动态性的调节，假设 13 得到了验证。同理，模型 2、模型 4 和模型 8 的检验结果支持了假设 14；模型 1 和模型 7 的检验结果支持了假设 16；模型 2 和模型 9 的检验结果支持了假设 17。由于模型 5b、模型 10b、模型 11b 和模型 12b 中交互项系数不显著，根据温忠麟（2014）的建议，并不能得出不支持假设 15、假设 18 和假设 20 的结论，还需要采用其他检验方法做进一步分析。

本书将样本按照"环境动态性"得分高低分为两组：高环境动态性组（hDY）和低环境动态性组（lDY）。将所有变量进行中心化处理，采用爱德华兹等的方法，将自变量对中介变量的效应、中介变量对因变量的效应（前两者的组合构成了自变量对因变量的间接效应），以及自变量对因变量的直接效应，按照调节变量的不同水平分别进行模拟运算并进行对比。其中差异系数等于高分组系数减去的低分组系数，系数显著性通过 Bootstrapping 法计算，以 443 个有效样本为母本，采取有放回抽样从母本中随机抽取 443 个共抽取 1000 组样本。检验结果如表 5-25 所示。

表 5-25　　　　　　　　被调节的中介作用差异检验结果

		第一阶段（自变量对中介变量的影响）	第二阶段（中介变量对因变量的影响）	直接效应（自变量对因变量的直接影响）	间接效应（自变量通过中介变量对因变量的影响）	总效应（直接效应加上间接效应）
战略更新对创新精神与企业成长的中介	hDY	0.62**	0.58**	0.54**	0.37**	0.91**
	lDY	0.23	0.37	0.47	0.13	0.60
	组间差异	0.39**	0.21**	0.07**	0.24**	0.31**
战略更新对风险承担精神与企业成长的中介	hDY	0.42*	0.11	0	0.47	0.47
	lDY	0.77	0.26	0	0.41	0.41
	组间差异	-0.35	-0.15	0	0.06	0.06
技术创新对分享合作精神与企业成长的中介	hDY	0.43**	0.31	0.49**	0.37	0.86**
	lDY	0.73**	0.23	0.51	0.31	0.82**
	组间差异	-0.30	-0.08	-0.02	0.06	0.04

注：P 为显著性。* 表示 P<0.05，** 表示 P<0.01，*** 表示 P<0.001。

在将样本人为分成"高环境动态性"和"低环境动态性"两组之后，只有战略更新对创新精神影响企业成长的中介作用在两组之间存在显著差异，假设 15 得到了验证。战略更新对风险承担精神影响企业成长的中介作用和技术创新对分享合作精神影响企业成长的中介作用均不存在显著的组间差异，因此假设 18 和假设 20 不成立。

第三节 实证结果与讨论

一、实证研究结果

通过对443份问卷样本的数据分析,检验了本书提出的理论假设,检验结果表明大部分的理论假设都得到了数据支持。假设检验结果如表5-26所示。

表5-26　　　　　　　　假设汇总表

研究问题	假 设		实证结果
	企业家精神与企业成长关系		
问题1:企业家精神是否影响企业成长	假设1	企业家的创新精神与企业成长正相关,创新精神对企业有积极影响,促进企业成长	支持
	假设2	企业家的风险承担精神与企业成长呈正相关,企业家的风险承担精神能够促进企业成长	不支持
	假设3	企业家的分享合作精神与企业成长呈正相关,企业家的分享合作精神能够促进企业成长	支持
	公司创业的中介作用		
问题2:企业家精神如何影响企业成长	假设4	新业务的拓展在企业家创新精神对企业成长的影响中起中介作用	支持
	假设5	新业务的拓展在企业家风险承担精神对企业成长的影响中起中介作用	支持
	假设6	新业务的拓展在企业家分享合作精神对企业成长的影响中起中介作用	不支持
	假设7	企业技术创新在企业家创新精神对企业成长的影响中起中介作用	支持

续表

研究问题	假 设		实证结果
问题2：企业家精神如何影响企业成长	假设8	企业技术创新在企业家风险承担精神对企业成长的影响中起中介作用	支持
	假设9	企业技术创新在企业家分享合作精神对企业成长的影响中起中介作用	支持
	假设10	企业战略更新在企业家创新精神对企业成长的影响中起中介作用	支持
	假设11	企业战略更新在企业家风险承担精神对企业成长的影响中起中介作用	支持
	假设12	企业战略更新在企业家分享合作精神对企业成长的影响中起中介作用	不支持
问题3：环境动态性如何影响公司创业与企业成长之间的关系	环境动态性调节公司创业中介作用的假设		
	假设13	环境动态性对"新业务拓展在企业家创新精神与企业成长的关系中的中介作用"存在调节效应	支持
	假设14	环境动态性对"技术创新在企业家创新精神与企业成长的关系中的中介作用"存在调节效应	支持
	假设15	环境动态性对"战略更新在企业家创新精神与企业成长的关系中的中介作用"存在调节效应	支持
	假设16	环境动态性对"新业务拓展在企业家风险承担精神与企业成长的关系中的中介作用"存在调节效应	支持
	假设17	环境动态性对"技术创新在企业家风险承担精神与企业成长的关系中的中介作用"存在调节效应	支持
	假设18	环境动态性对"战略更新在企业家风险承担精神与企业成长的关系中的中介作用"存在调节效应	不支持
	假设19	环境动态性对"新业务拓展在企业家分享合作精神与企业成长的关系中的中介作用"存在调节效应	不支持
	假设20	环境动态性对"技术创新在企业家分享合作精神与企业成长的关系中的中介作用"存在调节效应	不支持
	假设21	环境动态性对"战略更新在企业家分享合作精神与企业成长的关系中的中介作用"存在调节效应	不支持

二、企业家精神与企业成长

本书将企业家精神划分为创新精神、风险承担精神和分享合作精神三个维度，通过结构方程模型分别检验了企业家精神三个维度对企业成长的影响。其中，企业家创新精神和分享合作精神对企业成长存在显著正向影响。企业家创新精神对于企业成长的促进作用相比企业家分享合作精神更加显著，这从某种程度上再次验证了创新仍然是企业持续成长的根本动力。企业家的分享合作精神促进企业成长的显著性水平虽然低于企业家创新精神，但是也反映出在如今互联网技术飞速发展，跨领域、跨行业竞争越发激励的市场环境中，合作对于企业成长的重要性。无论是企业内部的知识分享、信息共享，还是企业外部的技术、资源、战略合作，都是促进企业成长的重要影响因素。关于企业家风险承担精神与企业成长的实证检验结果表明，企业家风险承担精神对于企业成长没有显著的直接影响，它对企业成长的影响主要通过公司创业的中介作用产生。造成这种结果的原因可能源于实证研究中样本数据的缺陷，本书调查的企业全部属于民营企业，并且企业成立年限不长，其中营业年限超过20年的只有5家。企业规模也以中小企业为主，缺少员工超过万人的企业。因此，关于企业家风险承担精神与企业成长的影响有待进一步研究。总体而言，企业家精神与企业成长密切相关，培育和激发企业家精神对企业成长具有重大意义。

三、公司创业的中介作用

公司创业的构念包含新业务拓展、企业技术创新和企业战略更新三个维度。新业务拓展、技术创新和战略更新都在企业家精神与企业成长之间起到了积极的中介作用。其中,关于企业家分享合作精神对企业成长之间的影响,三个维度中只有技术创新在两者之间起到了部分中介作用。这一方面说明创新对于企业成长的重要作用,另一方面也说明了企业家的分享合作精神是促进企业技术创新、提高技术创新水平的重要因素。新业务拓展、企业技术创新和企业战略更新分别在企业家风险承担精神对企业成长的影响中起完全中介作用,说明企业家的风险承担精神只有通过公司创业的一系列具体实践活动,才能对促进企业的持续成长。从对公司创业中介作用的实证检验中可以看出,企业家精神作为一种意识层面的因素,需要通过公司创业的一系列实践活动,将这种意识层面的有利因素真正转化为竞争优势才能促进企业的持续成长。

需要指出的是,公司创业的各个维度在企业家创新精神和企业家分享合作精神对企业成长的影响中起部分中介作用,结构方程模型的路径检验和效应分析也表明企业家的创新精神和分享合作精神对企业成长具有直接的路径影响。但是这些结果并不意味着企业家精神这种意识层面的要素能够直接提升企业能力、为企业创造价值或是为企业赢得竞争优势。这种直接影响可能存在，但更符合逻辑和经验的解释是，除了公司创业的中介机制，企业家精神还通过企业要素的中介作用或者是其他机制对企业成长产生影响，这些都有待进一步的研究。

四、环境动态性的调节作用

本书发现，公司创业各个维度对企业成长的影响受到环境动态性的调节，环境中的不确定性因素越多，环境动态性越强，公司创业对企业成长的正向影响作用就越显著；环境动态性对企业家精神各个维度与公司创业各个维度之间的关系也存在正向调节效应；环境动态性对企业家精神影响企业成长的直接效应也存在调节作用。因此构成了一个以公司创业为中介变量，环境动态性为调节变量的被调节的中介模型。

通过对被调节的中介模型的检验，本书发现，新业务拓展在企业家创新精神与企业成长的关系中的中介作用；技术创新在企业家创新精神与企业成长的关系中的中介作用；战略更新在企业家创新精神与企业成长的关系中的中介作用；新业务拓展在企业家风险承担精神与企业成长的关系中的中介作用；技术创新在企业家风险承担精神与企业成长的关系中的中介作用均受到环境动态性的调节影响。环境动态性对公司创业各个维度在企业家精神与企业成长之间的中介作用起着显著的正向调节作用，环境动态性越强，这种中介作用就越显著。

第六章

结论与展望

第一节 主要结论和创新点

一、主要结论

本书以管理学基本理论为依据，利用结构方程模型、多层次回归模型等数理统计方法，以文献分析为基础，以理论分析为支撑，在理论分析的基础上，通过实证研究进行佐证，对企业家精神、公司创业和企业成长三者之间的互动关系进行了深入系统的研究，其主要结论如下：

第一，本书从机会视角和资源视角对企业家精神影响企业成长的过程进行了分析，将企业家精神的"激活、扩散"问题和以"能力提升"为重点的企业成长问题放在一个统一的理论分析框架下进行研究,说明了企业成长是一个动态过程,在这一过程中企业要反复不断地经历机会识别、机会评估和机会利用过程;与此同时,企业还在进行着资源的识别、获取、转化和利用等资源整合活动。而在这两个过程中,企业家精神不仅作为驱动因素,激发了企业的一系列行为,同时作为影响因素,影响着企业成长的整个过程。企业家精神都能通过直接、间接的方式,以正式和非正式的形式促进着企业健康、持续成长。

第二,本书遵循"意识——行为——结果"的逻辑,将公司创业这一包含企业技术创新、制度创新、战略更新、业务拓展、风险投资等一系列创新活动的构念,引入企业家精神和企业成长的分析框架之中,对三者之间的互动关系进行研究。首先从知识积累和转化的视角,分析了公司创业通过"自上而下"的正式机制和"自下而上"的非正式机制对企业成长的影响。然后,根据管理学相关理论以及现有研究,构建了"企业家精神——公司创业——企业成长"的中介机制模型。从理论上分析了企业家精神和公司创业对企业成长的影响。本书认为,企业成长过程是一个不断创新、不断创业的连续过程。通过不断的创新实践活动,积累、更新企业的知识、资源和能力,为企业成长提供基础条件。企业家精神作为一种意识层面的因素,需要通过公司创业活动中一系列创新实践活动,才能转换为企业的竞争优势,为企业创造价值,促进企业成长。最后还结合相关研究,分析了环境动态性对企业成长的影响,认为企业总是置身于一定的外部环境中，无论是企业家精神对企业成长的促进作用，还是企业为实现持续成长所进行的公司创业活动都会不同程度地受到产业结构、市场需要、环境冲突、环境宽裕度等不确定性因素的影响，因此认为环境动态性在公司创业和企业成长之间存在调节作用。在此基础上，构建了包含公司创业中介机制和环境动态性调节机制在内的企业家精神影响企业成长的理论模型。

第三，本书利用问卷调查获取的一手数据，以我国86家民营企业为样本，对企业家精神影响企业成长进行了实证研究，得到了以下结论：在企业家精神与企业成长方面，企业家的创新精神和合作分享精神对企业成长具有显著的促进作用，企业家的风险承担精神并不直接对企业成长产生影响，企业家风险承担精神对企业成长的正向影响完全通过新业务拓展、技术创新和战略更新的中介作用得以实现。在公司创业中介作用方面，公司创业的各个维度在企业家精神与企业成长之间起到了中介作用。其中，新业务拓展在企业家创新精神和企业成长之间起到了积极的部分中介作用，企业家创新精神可以更好地激发企业进行新业务拓展，进而促进企业持续成长；技术创新在企业家创新精神和企业成长之间起到了积极的部分中介作用，企业家创新精神可以提高企业的技术创新水平，进而促进企业的持续成长；企业战略更新在企业家创新精神与企业成长之间起到了积极的部分中介作用，企业家创新精神可以提高企业根据环境变化调整战略的能力，进而促进企业的健康成长。

第六章 结论与展望

新业务拓展在企业家风险承担精神与企业成长之间起着积极的完全中介作用，企业家风险承担精神越强，企业就能够更好开展新业务拓展、技术创新活动，能够更加及时、准确的进行战略调整，保证企业的持续成长。在新业务拓展、技术创新和战略更新三个维度中，只有技术创新维度对企业家分享合作精神和企业成长起到了积极的部分中介作用，企业家的分享合作意识越强，越有利于企业的技术创新活动，能够有效地推动企业成长。在环境动态性的调节作用方面，公司创业各个维度对企业成长的影响受到环境动态性的调节，环境中的不确定性因素越多，环境动态性越强，公司创业对企业成长的正向影响作用就越显著。另外，通过对被调节的中介模型的检验，本书发现，新业务拓展在企业家创新精神与企业成长的关系中的中介作用、技术创新在企业家创新精神与企业成长的关系中的中介作用、战略更新在企业家创新精神与企业成长的关系中的中介作用、新业务拓展在企业家风险承担精神与企业成长的关系中的中介作用、技术创新在企业家风险承担精神与企业成长的关系中的中介作用均受到环境动态性的调节影响。企业战略更新对企业家创新精神影响企业成长的部分中介作用受到环境动态性的正向调节。环境动态性对公司创业各个维度在企业家精神与企业成长之间的中介作用起着显著的正向调节作用，环境动态性越强，这种中介作用就越显著。

二、主要创新点

首先,本书选择了机会和资源两个新颖的视角分析个体层面企业家精神对企业成长的影响。国内近些年在管理学领域关于企业家精神的研究主要集中在组织层面,基本上没有从个体层面分析企业家精神对企业成长的影响。较为陈旧的相关研究仅仅在理论上笼统地论述了两者的关系,没有深入分析企业家精神对企业成长影响的内在过程。本书分别从机会视角和资源视角,深入论述了个体层面的企业家精神,是如何通过影响机会识别的驱动作用以及对机会评估、机会利用和影响资源识别、资源获取、资源配置过程,进而影响企业的成长,并且将研究的落脚点从传统以"企业绩效"为研究重点上升至"企业成长"层面。另外,本书打破了现有以企业家精神、公司创业、企业成长"两两关系"为研究对象的传统,将三者统一置于一个理论框架体系内进行系统研究,有效地弥补了国内外在该领域既有研究的不足。

其次,本书从知识积累和转化的视角将公司创业问题纳入企业家精神与企业成长的研究框架内,通过"自上而下"的正式机制和"自下而上"的非正式机制对企业成长的影响,构建"企业家精神——公司创业——企业成长"的中介机制模型,这不仅能够使我们更好地理解企业家精神、公司创业与企业成长三者之间的理论渊源和逻辑联系,还能够从一个较为统一的理论框架出发，对企业家精神与公司创业对企业成长的影响机制进行分析。现有的研究仅限于考察环境动态性对公司创业与企业成长之间关系的调节作用，本书通过全面分析环境动态性对企业家精神与公司创业、企业家精神与企业成长、公司创业与企业成长三组关系的调节作用，构建了被调节的中介模型，弥补了国内外现有研究中的不足，并深入研究了企业家精神影响企业成长的机制。

最后，本书利用全新的一手问卷调查数据，通过结构方程模型、层次回归分析法对数据进行了探索性因子分析、验证性因子分析以及相关分析等统计检验，实证检验了企业家精神、公司创业和企业成长三个变量之间的关系，研究出适应经济转型时期具有中国特色的对策思路。本书的这些独创性工作在一定程度上弥补了前人研究的不足，为相关问题的研究积累了经验证据。

第二节　基于企业家精神和公司创业的企业成长对策

一、加强企业家精神的培育和传承

企业个性的塑造往往被打上企业家个性的烙印。企业发展呈现出的异质性，与企业家个人有极大的关系，因为企业就是由企业家本人设计的，企业家的预见性引领着企业的未来走向，企业家的决策能力关乎企业的寿夭。企业家精神是一家企业的企业文化中体现企业成员凝聚力和企业文化价值观的核心要素，树立一个良好的企业家精神，将构建起一个有竞争力的企业文化，推动企业内部竞争力的形成，从而对整个企业的发展起到引领作用。如今企业家精神的缺失已经成为制约我国企业发展的重要因素，为了有效地培育企业家精神，政府应当进一步完善市场竞争机制，加强和引导社会文化的建设。一方面，企业家精神的核心是创新，政府应当构建完善的市场竞争机制，通过相应的制度安排和政策引导，鼓励企业家通过创新来赢得竞争优势，激发企业家的创新热情；企业家参与经济活动的首要目的是追求收益的最大化，政府应当通过完善相关的法律法规，保护企业家的创新成果，使企业家在进行创新活动时，能够获得与之风险相匹配的收益，保护企业家的创新积极性。另一方面，政府需要引导和构建敢于创新、勇于进取的社会文化。如今，我们正面临着一个更大的全球市场，处在一个更复杂的国际环境，拥有一种更重要的使命，当然也会面对更多的机会和挑战。引导中国传统文化与现代的商业精神相融合，在此基础上构建崇尚企业家精神的社会文化。通过市场竞争机制的完善和社会文化的建设，为企业家精神的发挥营造良好的市场环境和文化氛围。随着中国经济进入新常态，培育企业家精神正成为促进改革开放和经济社会发展的重要环节。

第六章 结论与展望

新时代企业家精神与社会主义先进文化相结合是符合经济发展规律的，以全新的眼光为我们诠释了新时代内涵，强调了爱国主义和创新精神，同时也向世界展示了新时代中国企业家的精神风貌和独特价值。企业的延续和持续成长离不开企业家精神的传承。企业家个体是企业家精神在企业组织内部传递和扩散的发起点，企业家精神在企业高层管理团队中的传递和扩散是企业家精神影响公司创业的第一个环节，之后企业家精神将会沿着组织架构继续向企业的各个部门传递，扩散到企业部门负责人以及企业的基础员工之中，这也是企业家精神在企业组织内传递和扩散的第二个环节，在这一环节中，企业家精神的传递主要通过企业战略的制定及实施和企业文化的构建及组织情境的营造来实现。由于我国特殊的社会历史原因，对于企业传承的问题仍然处于探索阶段。

首先，企业家精神的传承离不开政府的引导。企业家精神源于市场，也发展于市场，但仅仅只由市场本身来传承是不够的。在确保市场有效运行、避免市场失灵的情况下，促进经济和社会创新的前提下，企业家精神的传承不仅需要市场的支持，还需要政府的大力引导和推动。我国政府早已认识到创新对于经济发展的重要性，国务院原总理李克强在多个场合多次提到"大众创业、万众创新"。政府在鼓励人民群众创业的同时，更要注重对企业家创新精神的引导，强化创业企业家的创新意识和创新思维，不断提高创业水平和创业层次，避免低水平和重复性创业，通过政策扶持来鼓励和引导创新型创业。不同的企业家精神可以实现完全不同的商业模式，各自所表现出来的社会情感财富也会有所不同，因而对企业的成长会有不同的效果。富有冒险精神的企业能实现突破式商业模式创新，推动效率型和新颖型的商业模式创新，在这样的创新下会进一步提升企业的财务绩效；而富有创新精神的企业能实现渐进式商业模式创新，对新颖型商业模式创新影响较大，同时影响市场绩效。政府可根据企业的商业模式特点提供相应的政策支持。企业家精神与企业选择的商业模式密切相关，培育和激发企业家精神对企业商业模式的选择具有重大意义。

随着我们迈入新时代，企业家精神的内涵不断被加深，爱国精神和创新精神也达到了新的高度，形成了具有中国特色的新时代企业家精神。在这种情况下，政府所倡导的企业家创新精神，需要政府积极配合企业的发展需求，积极提供社会组织和服务，支持企业的创新活动，奖励具有创新精神和开拓性的企业家。基于如此，企业也更应响应国家的号召，要重视企业家创新精神的发展，要加强人才培养来增强企业的软实力，为企业创新注入新的活力，增加企业家的责任感与使命感。因此，企业家创业精神应被转化为高质量经济发展的真正驱动力。

其次，企业家精神的传承需要社会各方力量的共同推动。当今中国情境下，企业家若过分依赖于政府政策的扶持、宏观环境的支持，不做多方面的努力，则不利于企业自身突破现状，不利于企业家精神的传承。此时，各地商会、行业协会等社会团体之间应当加强交流学习和对企业家精神的传播。中国经过几千年的文化传承，形成了各具特色的地方文化，也孕育出了各地独有的营商理念，如晋商、徽商等。这些极具传统民族文化的企业家精神是中华文明的宝贵财富，各个商会、协会之间应当加强交流，去其糟粕取其精华，将传统的民族文化与现代商业精神相结合，传播和传承具有时代特色和民族特色的企业家精神。另外，杰出的企业家也需要为企业家精神的传承作出自己的一份贡献，积极宣扬企业家精神与经营哲学。

社会媒体和政府也应当为企业家精神的传播和传承营造良好的条件。杰出的企业家通过为企业家精神的传承贡献出一份属于自己的力量，对于杰出企业家来说，他们可以从这样的社会活动中获得一定的价值感，而社会团体对杰出企业家思想和精神的宣扬，使得企业家能够在团体中找到自己的归属感，在价值感和归属感齐备的时候，企业家精神便能够成功的代代相传。

最后，企业家精神的传承离不开优秀企业家的示范作用。优秀的企业家身上往往聚集多种突出的优秀精神，这些精神可以直接引导他们为企业的管理活动做出敏锐的判断和成功的决定。从社会情感财富的角度来说，企业家精神对企业商业模式做出的创新存在不同的影响。富有冒险精神的企业家会采取长期战略，突破商业模式创新，开拓新业务，获得核心竞争力；而富有创新精神的企业家则会采取保守的战略，渐进式商业模式的创新风险小，便于结果测量。由此可见，不同类型的商业模式创新会对企业发展产生不同的影响。

如今"新时代企业家"的内涵已经不仅是"商人"那么简单了，而是需要承担更多的社会责任和国家责任。鲁冠球就是一个很好的榜样，他是浙江著名的企业家，也是中国著名的企业家。吴丹和吴炯（2019）从浙商和非浙商的视角整理出社会各界对鲁冠球的评价时得出，浙商更看重鲁冠球身上的敬业精神和责任担当精神。他喜欢造车，并坚持用一生的经历讲好什么叫作"工匠精神"，万向集团的主业始终围绕汽车，这就是实业派企业家对于追求梦想最好的诠释，对于企业家精神的传承也起了很好的示范作用。在今天的中国，工匠精神和企业家精神也同样受到国家和社会的推崇，因此，探讨工匠精神和企业家精神的内涵是很重要的。为了保持与时俱进，立于不败之地，企业家们必须继续培养和挑战自己，把社会责任感与企业的成长捆绑在一起。企业家精神的传承需要我们通过学习鲁冠球等优秀企业家的企业管理方法和个人生活特质来探索这一代企业家的成功之道，寻找浙江企业家的创业密码。企业家精神的传承不仅需要从组织层面来进行笼统的分析，还需要从个人层面进行特性分析，更需要从社会层面进行社会责任的承担和国家使命的担当分析。企业的成长发展离不开这三个层面的探讨，企业家精神的内涵深化是一个不断充实的动态过程。新时代的优秀企业家总能与时俱进、心怀天下，兴业报国。结合中国情境，企业家们将企业的命运与国家的发展紧密联系在一起，努力为中国塑造经济强国而平添一份宝贵的力量。

二、营造良好的企业内部创业环境

企业内部创业和创新活动离不开企业内部制度的支持，企业需要根据具体的创新和创业实践需求，制定公司创业战略，构建鼓励创业的企业文化和组织氛围，建立合理的激励制度。

首先，企业战略要凸显企业使命、宗旨和企业家精神。2022年召开的党的二十大是党和国家政治生活中的一件大事，也是中国企业和企业家的盛会，更是中国企业文化建设的盛会。企业家精神是当前战略管理研究中的重要领域，企业家必须明白企业的使命与国家的命运紧密联系。公司创业战略导向应包含创新性、风险承担性、超前行动性等理念（Covin & Slevin, 1989）。企业家精神直接影响着企业文化的形成和传承，没有高尚的道德和优质的修养，企业家是不可能领导员工创造优秀的企业文化的。环境动态性的增加往往意味着企业所处环境中资源宽裕度的降低，企业发展会受到更大的资源约束。企业通过拓展新业务、进入新的领域、建立独立的业务单元或者是实行兼并或收购战略，可以有效地调整企业的外部社会网络，通过新的方式和新的渠道获取新的资源，突破由于资源宽裕度降低带来的资源瓶颈。同时，随着环境中不确定性因素的增加，企业无法准确评估已有资源能够为创造的价值，企业通过公司创业活动对企业战略的更新和组织结构的变革，可以针对环境的变化，实现现有资源的重新整合，规避资源贬值的风险，为企业绩效的提升、能力的增强提供资源基础。

在企业内部环境中，企业通过制定公司创业战略，以一种正式的形式鼓励和引导企业成员进行创业活动，并在资金、技术、人员等方面支持企业内部的创业活动。公司需要加强监督，通过为保企业创业战略的经营决策做准备工作，对企业创业战略实时跟进，在每个战略阶段完成时都要对企业战略进行事后评估，以提高企业在创新和创业实践中的效率和效果。同时企业需要在各方面支持企业内部的创业活动，高度重视企业内部资源的有效利用，并在经营管理中保持谨慎决策，这是公司创业战略活动的前提条件。

其次，建立鼓励创业的企业文化和组织氛围。企业文化是企业成长的精神支柱，构建具有特色的企业文化是企业家精神从企业家个体层面传递和扩散到企业组织层面的重要方式，也是形成企业价值观影响企业战略决策等一系列经营管理行为的重要途径。最重要的是，坚持党的领导是企业文化建设的立足点。企业需要高度重视员工日常文化活动地开展，丰富员工的文体活动，支持员工的爱好，把培养员工的归属感作为企业文化凝聚力的第一要义。具有创新精神、鼓励创业的企业文化能够帮助企业建立宽松、包容的组织氛围，使企业员工在创新和创业过程中的试错行为能够被组织所包容，有效地保护企业员

第六章 结论与展望

工的创新主动性和积极性，使员工愿意积极主动地向组织反馈自己的创新思路，并在条件许可的情形下自主进行创新实践。企业家精神的核心就是创新精神，企业通过创新行为能够提高企业的生产效率，进而促进社会的生产力的提高，最终体现为国家经济的增长。企业内部为适应变革而鼓励和支持员工积极主动的参与创新行为，有利于企业内部的组织创新、业务创新，也有利于企业能更大限度地运用企业外部环境中的各类创新要素，还有利于企业在企业内外部环境中进行技术创新。

企业家精神、企业文化和企业制度直接决定着企业能够获取外部的创新能力，企业文化的构建和组织氛围的形成，作为一种组织内的非正式机制，有助于提升企业的整体创新能力，增强企业的竞争力，进而推动企业的持续成长。当然，企业文化规范化也是企业需要考虑的内容。企业在创立之初，创始人的企业家精神对整个公司的影响十分深远，为了避免因企业家的个人喜好等因素影响了整个公司的文化，企业就必须将企业文化规范化。本书认为，企业可以将企业文化用标语等方式提炼出来，最后形成一套深入全体员工人心的企业文化，从而避免因为企业家的个人喜好影响到整个公司的企业文化。

最后，建立合理的激励机制。企业内部创业和创新活动具有先天的市场属性，只有在具有市场机制的氛围下，企业才能更快成长。其一，企业可以通过建立薪酬激励和股权激励等方式，为企业员工的创业活动提供物质激励。由于我国法制环境还处于完善的过程中，信用体系也不够健全，经理人阶层尚未崛起，大多数企业都仅仅只是提供工资薪金，很少采取股权激励计划，而采取股权激励政策有利于企业股权多元化。其二，还可以通过给予企业员工更大创新自由、更多的闲暇时间等其他福利待遇，为企业员工的创业活动提供精神激励，从多方面激发企业员工的创业热情。其三，政府应重视企业家精神上的激励机制。政府为企业家精神的培育提供有效的激励机制，保持市场机制的有效性，并建立和完善更好的市场机制以确保公平的竞争环境，改善公共服务并为企业家的企业内部创业和创新活动提供制度保障。政府应努力提高企业家的社会认同感，提高企业家的政治和社会地位，这样能拓宽企业家与政府谈判和对话的有效路径，使得企业家可以直接参与政策的讨论与制定，是对企业家精神培育最直接的办法。

三、提升企业对外部动态环境的应变能力

实证研究表明，企业家精神和公司创业对企业成长的影响都受到环境动态性的调节。在企业实际的经营管理中，外部环境中的不确定性因素对企业的发展而言既是机遇也是威胁，企业如果无法对外部动态环境变化的不确定性因素进行应对，那么外部动态环境将会威胁到企业的生存，而如果企业能够解决外部环境发生的变化，那么企业就可以化危机为机遇，从外部动态环境变化的不确定性中找到企业未来发展的道路，因此企业需要提升应对外部环境变化的能力。

第六章 结论与展望

首先，要提高企业的综合创新实力。本书对公司创业各个维度中介作用的检验结果表明，技术创新仍然是发挥企业家精神促进企业成长的最为有效的方式。企业家精神面对企业外部环境的不确定性时，通过忍受短期环境带来的风险，对未来可行的项目进行选择，运用技术创新的手段进行应对风险，从而促进企业的成长，在公司创业中，企业家精神能够完全发挥出自身的作用。因此，无论是科技型企业还是建立在新型商业模式之上的平台型企业，最终还是需要回归到技术创新的发展路径之上。如小米手机，最初的爆发式成长得益于企业的平台竞争战略和成功的营销模式，但是最终还是回归到产品研发和技术创新的发展战略。但是，单纯的技术创新已经不能使企业在如今越发激烈的市场竞争中立于不败之地。企业在现在激烈的市场环境中仅仅靠单纯的技术创新无法获得强有力的竞争优势，因为现在市场中的很多企业都可以投入一定的资源进行技术创新，但如果企业的生产经营流程、业务模式、管理理念还没有根据外部环境的变化而发生变革，那么企业仍然很难获得竞争优势。所以企业在技术创新的同时，还需要在经营管理过程中，不断优化企业的生产经营流程，探索和引进新的业务模式，根据外部环境变化不断学习和调整管理理念。通过流程创新、业务模式创新、管理创新等"配套"创新，增强企业的综合创新能力，使企业能够更好地应对外部环境的变化。

其次，要不断优化企业组织结构。面对瞬息万变的外部环境，企业需要根据企业发展、企业战略的需要以及外部环境的变化，不断调整和优化自身组织结构，加快各类信息在企业内部的传递、共享和反馈，增强企业感知外部环境的灵敏度。优化企业内外部资源在组织中各个层级、各个部门以及各个业务单元之间的分配和共享，通过组织结构的优化，提升资源整合能力和资源利用水平。公司组织结构改变的创新可以刻画企业家精神。在一个科学合理的组织和环境中，企业家和组织成员之间的公开互动可以积极推进企业战略的实现。

最后，提高企业战略调整能力。企业战略变革是公司创业中的重要内容，在激烈的竞争环境中企业需要通过对外部环境的洞察和对自身实力的充分审视，在企业内部依据企业自身的资源、能力等情况合理调整企业的战略，主动寻求战略变革，通过战略调整和战略变革来形成企业自身独特的竞争优势。企业家精神作为一种能够反映企业运作的精神文化，受到市场外部环境中多方面因素的影响，不同的环境条件会导致企业的整体战略发生变化，而企业家和企业高层管理人员在企业发展壮大的过程中积累了丰富的应对市场环境变化的管理经验，这些经验对企业开发新的产品、开拓新的市场起到了重要的作用。此外企业家和企业高级管理人员应对市场环境变化的能力还能够通过不断的学习进行提升。为了实现企业战略调整能力的提升，企业家和企业高层管理人员需要不断学习，提高自身的综合能力，增强对市场环境的洞察力以及对行业发展趋势的预判能力。同时政府有关部门也需要在企业的外部建立市场监督机制，通过良性的市场竞争使企业经营效率有所提升，从而更好地发挥企业家精神在企业成长方面的作用。

第三节 研究局限与展望

一、研究局限

企业家精神与企业成长的研究一直是学术界研究的热点，但是关于企业家精神和企业成长概念的界定以及测量的标准，至今仍然没有形成一个被学者们普遍认可的观点。由于研究的范围广泛、衡量的标准不统一，从不同的研究角度得出的结论也不尽一致，或多或少存在着一定的局限性。本书在研究过程中，发现很多值得继续研究的问题，同时也遇到许多模糊难以界定的难题，虽然在研究中力求围绕本书的研究目标进行研究，但在这一领域的探索还存在着诸多的局限性，主要归纳为以下三个方面。

第一，文献研究还有待进一步完善。企业家精神与企业成长的概念较为庞杂，不同研究领域、不同研究视角对两者的界定存在较大差异，本书在对历史上每个阶段概念内涵进行回顾的同时，更多地侧重于罗列和比较，对其中一般性规律总结和概括方面的工作有所欠缺。文献研究不够深入，显得有些单薄,在今后的研究中还需要进一步扩展和完善。

第二,理论研究不够深入,理论之间整合性尚待加强。本书在理论研究过程中采用了机会视角、资源视角和知识视角,从多个角度分析了企业家精神、公司创业和企业成长之间的内在关联。但是由于理论基础较为单薄,在一些方面的讨论不甚深入,存在一些局限性。

第三,在实证研究方面,由于各方面条件的限制,本次调研的企业均为民营企业,缺少了作为国民经济支柱的国有企业样本,这对研究结果无疑会产生一定影响。另外,所有数据均来源于主观评价指标,具有一定的主观性,与客观结果可能存在误差。

二、研究展望

上述研究局限,为本书今后的继续开展提供了拓展空间,指明了发展方向。

第一,进一步深入挖掘企业家精神与公司创业之间的内在逻辑。如果将企业家精神分为个体和组织两个层面进行研究,需要进一步挖掘两个层面之间的联系,以及个体层面在组织层面的扩散机制、影响因素等问题、还可以从社会和国家层面进行分析。

第二,实证数据方面,在有条件的情况下,可以扩大样本,将国有企业和其他所有制企业均纳入样本之中,分析所有制差异给企业家精神、公司创业和企业成长带来的不同影响。

第三,关于企业成长的测量问题,需要进一步采用主观和客观、定性和定量方法的结合使用,最后能够使用具有连续性的面板数据进行实证分析,进一步深化这一主题的研究。

参 考 文 献

［1］彼得·德鲁克. 创新与企业家精神［M］. 北京：机械工业出版社，2007.

［2］白津夫. 企业核心竞争力战略及其选择［J］. 中国经贸刊，2002（10）.

［3］宝贡敏. 企业成长与竞争战略管理［M］. 太原：山西人民出版社，2003.

［4］大卫·科利斯. 公司战略：企业的资源与范围［M］. 王永贵，译. 大连：东北财经出版社，2001.

［5］［英］Elizabeth Chell. 企业家精神：全球化、创新与发展［M］. 北京：中信出版社，2004.

［6］韩太祥. 企业成长理论综述［J］. 经济学动态，2002（5）.

［7］贺小刚. 企业家能力、组织能力与企业绩效［M］. 上海：上海财经大学出版社，2006.

［8］贺小刚，潘永永. 核心能力理论的拓展：企业家能力与企业绩效的关系研究［J］. 科研管理，2007（7）.

[9] 何涌. 企业家理论及其对发展中经济的适用性 [J]. 经济研究, 1994 (7).

[10] 嵇国平. 企业竞争优势源泉研究的新进展: 战略网络论 [J]. 价值工程, 2004 (8).

[11] 贾建锋, 赵希男, 等. 创业导向有助于提升企业绩效吗——基于创业导向型企业高管胜任特征的中介效应 [J]. 南开管理评论, 2013 (2).

[12] [美] 杰里米·里夫金. 第三次工业革命 [M]. 北京: 中信出版社, 2012.

[13] 贾振全, 孙淑霞. 高管团队关系强度对企业创新绩效的影响 [J]. 技术经济与管理研究, 2013 (9).

[14] 蒋峦, 谢俊, 等. 创业导向对组织绩效的影响——以市场导向为中介变量 [J]. 华东经济管理, 2010 (5).

[15] 焦豪. 创业导向下企业动态能力提升机制研究——基于组织学习的视角 [D]. 杭州: 浙江大学, 2007.

[16] 焦豪, 周江华, 等. 创业导向与组织绩效间关系的实证研究——基于环境动态性的调节效应 [J]. 科学学与科学技术管理, 2007 (11).

[17] 焦豪, 魏江, 等, 企业动态能力构建路径分析: 基于创业导向和组织学习的视角 [J]. 管理世界, 2008 (4).

[18] 蒋春燕, 赵曙明. 社会资本和公司企业家精神与绩效的关系: 组织学习的中介作用——江苏与广东新兴企业的实证研究 [J]. 管理世界, 2006 (10).

[19] 刘迎秋，徐志祥. 中国民营企业竞争力报告 [M]. 北京：社会科学文献出版社，2004.

[20] 理查德·R. 纳尔逊，G. 温特. 经济变迁的演化理论 [M]. 北京：商务印书馆，1997.

[21] 李新春. 中国国有企业重组的企业家机制 [J]. 中国社会科学，2001（4）.

[22] 李正中，韩智勇. 企业核心竞争力：理论的起源及内涵 [J]. 经济理论与经济管理，2001（7）.

[23] 李新春. 企业家过程与国有企业的准企业家机制 [J]. 经济研究，2000（6）.

[24] 李志能，尹晨. 从知识的角度回顾企业能力理论 [J]. 经济管理，2001（4）.

[25] 李志能. 新创企业：大企业的"小版本" [J]. 南开管理评论，2002（3）.

[26] 李先江. 公司创业导向顾客价值创新与企业绩效的关系研究 [J]. 管理评论，2013（25）.

[27] 李宇，张雁鸣. 网络资源、创业导向与在孵企业绩效研究——基于大连国家级创业孵化基地的实证分析 [J]. 中国软科学，2012（8）.

[28] 李作战. 企业社会资本、创业导向和创业绩效关系研究——基于科技型中小企业的创业 [D]. 广州：暨南大学，2014.

[29] 梁巧转，孟瑶，等. 创业团队成员人格特质和工作

价值观与创业绩效——基于创业导向的中介作用 [J]. 科学学与科学技术管理, 2012 (7).

[30] 林枫, 徐金发, 等. 企业创业导向与组织绩效关系的元分析 [J]. 科研管理, 2011 (8).

[31] 王林生. 企业家精神与中国经济 [J]. 管理世界, 1989 (4).

[32] 雷宇. 熊彼特创新理论中的企业家生成机制 [J]. 绍兴文理学院学报, 2005 (10).

[33] 马歇尔. 经济学原理 (上卷) [M]. 朱志泰, 译. 北京: 商务印书馆, 1991.

[34] [美] 迈克尔·波特. 竞争优势 [M]. 北京: 华夏出版社, 2001.

[35] 迈克尔·波特, 加里·哈默尔, 等. 战略: 45 位战略家谈如何建立核心能力 [M]. 北京: 中国发展出版社, 2002.

[36] 米歇尔·A. 赫特, R. 杜安·爱尔兰. 战略型企业家 [M]. 北京: 经济管理出版社, 2002.

[37] 芮明杰, 任红波. 基于惯例变异的战略变革过程研究 [J]. 管理学报, 2005 (1).

[38] 王明夫. 企业竞争力——上市公司兴盛之道 [M]. 北京: 中国财政经济出版社, 2001.

[39] 邬爱其, 贾生华. 国外企业成长理论研究框架探析 [J]. 外国经济与管理, 2002 (12).

[40] 汪良军. 企业成长与企业家活动分析 [M]. 北京:

经济科学出版社，2006.

［41］［德］维也纳·桑巴特. 奢侈与资本主义［M］. 上海：上海人民出版社，2021.

［42］［美］熊彼特. 经济发展理论［M］. 北京：商务印书馆，1990.

［43］许晓明，徐震. 基于资源基础观的企业成长理论探讨［J］. 研究与发展管理，2005（4）.

［44］夏清华. 从资源到能力：竞争优势战略的理论综述［J］. 管理世界，2002（4）.

［45］薛求知，朱吉庆. 企业家能力视角的企业竞争力研究［J］. 当代财经，2007.

［46］［美］熊彼特. 经济发展理论［M］. 北京：商务印书馆，1990.

［47］许可，徐二明. 企业资源学派和能力学派的回顾与比较［J］. 经济管理新管理，2001（2）.

［48］［美］伊查克·爱迪思. 企业生命周期［M］. 赵睿，译. 北京：华夏出版社，2004.

［49］杨永恒. 动态环境下的企业成长战略探讨［J］. 南开管理评论，2001（4）.

［50］于庆东，王庆金. 企业持续发展研究［M］. 北京：经济科学出版社，2006.

［51］尹子民，张凤新. 企业竞争力评价与可持续发展战略研究［M］. 沈阳：东北大学出版社，2004.

[52] 袁林. 中国企业家行为的制度分析 [M]. 长沙：湖南大学出版社，2005.

[53] 严浩仁. 企业家成长环境和培育机制研究 [M]. 北京：华夏出版社，2007.

[54] 余伟萍，陈维政，任佩瑜. 中国企业核心竞争力要素实证研究 [J]. 社会科学战线，2003（5）：84－86.

[55] 周小虎. 企业社会资本与战略管理 [M]. 北京：人民出版社，2006.

[56] 周三多，邹统钎. 战略管理思想史 [J]. 经济管理，2006（1）.

[57] 中国企业家成长与发展报告（2006）[M]. 北京：机械工业出版社，2006.

[58] 郑海航. 中国企业家成长问题研究 [M]. 北京：经济管理出版社，2006.

[59] 张玉利，李华晶. 企业成长异质性分析——以蒙、鲁、粤三省区上市公司为例 [J]. 改革，2005（6）.

[60] 庄子银. 企业家精神、持续技术创新和长期经济增长的微观机制 [J]. 世界经济，2005（12）.

[61] 张林格. 三维空间企业成长模式的理论模型 [J]. 南开经济研究，1998（5）.

[62] 周三多. 战略管理新思维 [M]. 南京：南京大学出版社，2002.

[63] 吴丹，吴炯. 新时代中国浙商企业家精神——对鲁冠

球精神的内容分析 [J]. 现代经济信息, 2019 (24): 81-82.

[64] Aharoni Y. In search for the unique: Can firm-specific advantages be evaluated? [J]. Journal of Management Studies, 1993 (1).

[65] Ahuja G., Lampert C. M. Entrepreneurship in the large corporation: A longitudinal study of how established firms create breakthrough inventions [J]. Strategic Management Journal, 2001 (22).

[66] Amit R. Opportunity cost and entrepreneurial activity [J]. Journal of Business Venturing, 1993 (2).

[67] Bhardwaj B. R., Momaya K. Drivers and enablers of corporate entrepreneurship: Case of a software giant from India [J]. Journal of Management Development, 2011 (2).

[68] Brinckmann J., Hoegl M. Effects of initial teamwork capability and initial relationship capability on the development of new technology-based firms [J]. Strategic Entrepreneurship Journal, 2011 (5).

[69] Boyd N. G., Vozikis G. S. The influence of self-efficacy in the development of entrepreneurial intentions and actions [J]. Entrepreneurship Theory and Practice, 1994 (4).

[70] Begley J. M. Using founder status, age of firm, and company growth rate as the basis for distinguishing entrepreneurs from managers of smaller business [J]. Journal of Business Ventu-

ring, 1995 (10).

[71] Burgelman RA. A model of the interaction of strategic behaviour, corporate context, and the concept of strategy [J]. Academy of Management Review, 1983 (1).

[72] Baron R. A., Ensley M. D. Opportunity recognition as the detection of meaningful patterns: Evidence from comparisons of novice and experienced entrepreneurs [J]. Management Science, 2006 (9).

[73] Corbett A. C. Learning asymmetries and the discovery of entrepreneurial opportunities [J]. Journal of Business Venturing, 2007 (11).

[74] Corbett A. C., Hmieleski K. M. The conflicting cognitions of corporate entrepreneurs [J]. Entrepreneurship Theory and Practice, 2007 (1).

[75] Ciabuschi F., Forsgren M., Martin O. M. Rationality vs ignorance: The role of MNE headquarters in subsidiaries' innovation processes [J]. Journal of International Business Studies, 2011 (12).

[76] Collins J. Chinese entrepreneurs: the Chinese Diaspora in Australia [J]. International Journal of Entrepreneurial Behaviour and Research, 2002 (8).

[77] Covin J. G., Slevin D. P., Heeley M. B. Pioneers and followers: Competitive tactics, environment, and firm growth [J].

Journal of Business Venturing, 2000 (2).

[78] Dutta D. K., Crossan M. M. The nature of entrepreneurial opportunit-ies: Understanding the process using the 4I organizational learning framework [J]. Entrepreneurship Theory and Practice, 2005 (4).

[79] Day D. L. Raising radicals: Different processes for championing innovative corporate ventures [J]. Organization Science, 1994 (2).

[80] Dutton J. E., Ashford S. J., O'Neill R. M., Lawrence K. A. Moves that matter: Issue selling and organizational change [J]. Academy of Management Journal, 2001 (4).

[81] Eckhardt J. T., Shane S. A. Opportunities and entrepreneurship [J]. Journal of Management, 2003 (3).

[82] Gielnik M., Frese M., Graf J. M., Kampshulte A. Creativity in the opportunity identification process and the moderating effect of diversity information [J]. Journal of Business Venturing, 2012 (2).

[83] Greve H. R. The effect of core change on performance: Inertia and regression toward the mean [J]. Administrative Science Quarterly, 1999 (6).

[84] Gartner W. B. "Who is an entrepreneur?" is the wrong question [J]. Entrepreneurship Theory and Practice, 1989 (Summer).

[85] Ginsberg A, Hay M. Confronting the challenges of corporate entrepreneurship: guidelines for venture managers [J]. European Management Journal, 1994 (12).

[86] G. T. Lumpkin, Gregory G. Dess. Clarifying The Entrepreneurial Orientation Construct and Linking it to Performance [J]. Academy of Management, 1996 (1).

[87] Hayton J. C., Kelley D. J. A competency-based framework for promoting corporate entrepreneurship [J]. Human Resource Management, 2006 (3).

[88] Hornsby J. S., Kuratko D. F., Shepherd D. A., Bott J. P. Managers' corporate entrepreneurial actions: Examining perception and position [J]. Journal of Business Venturing, 2009 (12).

[89] Ireland R. D., Covin J. G., Kuratko D. F. Conceptualizing corporate entrepreneurship strategy [J]. Entrepreneurship Theory and Practice, 2009 (1).

[90] Lumpkin, Kingon A. I. The valley of death as co-ntext for role theory in product innovation [J]. Journal of Product Innovation Management, 2010 (3).

[91] Lumpkin G. T., Lichtenstein B. B. The role of organizational learning in the opportunity-recognition process [J]. Entrepreneurship Theory and Practice, 2005 (4).

[92] Lee G. K. Relevance of organizational capabilities and its

dynamics: What to learn from entrants' product portfolios about the determinants of entry timing [J]. Strategic Management Journal, 2008 (7).

[93] Lau C. M. and Busenitz L. W. Growth intentions of entrepreneurs in a transitional economy: The People's Republic of China [J]. Entrepreneurship Theory and Practice, 2001 (1).

[94] Mitchell R. K., Busenitz L., Lant T., McDougall P. P., Morse E. A., Smith J. B. Toward a theory of entrepreneurial cognition: Rethinking the people side of entrepreneurship research [J]. Entrepreneurship Theory and Practice, 2002 (2).

[95] March J. G. Exploration and exploitation in organizational learning [J]. Organization Science, 1991 (2).

[96] Morris M. H., Kuratko D. F., Covin J. G. Corporate entrepreneurship and innovation. Cincinnati [M]. Publishers: South Western, 2008.

[97] Mahoney J. T. The management of resources and the resources of management [J]. Journal of Business Research, 1995 (5).

[98] Margaret Kobia. Towards a search for the meaning of entrepreneurship [J]. Journal of European Industrial Training, 2010 (2).

[99] Miller J. The nature of an entrepreneur [J]. Personnel Psychology, 1988 (12).

[100] Shane S., Venkataraman S. The promise of entrepreneurship as a field of research [J]. Academy of Management Review, 2000 (1).

[101] Short J. C., Ketchen D., Shook C., Ireland R. D. The concept of "opportunity" in entrepreneurship research: Past accomplishments and future challenges [J]. Journal of Management, 2010 (12).

[102] Stewart W. H., Carland J. C., Carland J. W., Watson W. E. and Sweo R. Entrepreneurial dispositions and goal orientations: a comparative exploration of United States and Russian entrepreneurs [J]. Journal of Small Business Management, 2003 (1).

[103] Stewart W. H. Jr, Watson W. E., Carland J. C. and Carland J. W. A proclivity for entrepreneurship: a comparison of entrepreneurs, small business owners, and corporate managers [J]. Journal of Business Venturing, 1999 (2).

[104] Stewart W. H. Jr. and Roth P. L. Risk propensity differences between entrepreneurs and managers: a meta-analytic [J]. Review Journal of Applied Psychology, 2001, 1: 145 – 153.

[105] Stopford J. M., Baden Fuller. Creating corporate entrepreneurship [J]. Strategic Management Journal, 1994 (15).

[106] Shamir B., House R. J., Arthur M. B, The Motivational Effects of Charismatic Leadership: A Self – concept Based Theory [J]. Organization Science, 1993 (4).

[107] Van Praag C. and Cramer J. The roots of entrepreneurship and labour demand: individual ability and low aversion [J]. Economica, 2001 (6).

[108] Walter A., Parboteeah K. P., Riesenhuber F., Hoegl M. Championship behaviors and innovations success: An empirical investigation of university spin-offs [J]. Journal of Product Innovation Management, 2011 (4).

[109] Weisenfeld B. M., Wurthmann K. A., Hambrick, D. C. The stigmatization and devaluation of elites associated with corporate failures: A process model [J]. Academy of Management Review, 2008 (1).